CIMIENTOS ESPIRITUALES

INSTITUTO DE ENTRENAMIENTO MÓVIL
ISAÍAS 58

ALL NATIONS INTERNATIONAL   AGNES I NUMER
TERESA SKINNER   GORDON SKINNER
KATHY VANZANDT

Traducido por
BLANCA LEWIS

Traducido por
ALFONSO YAÑEZ PEREZ

ÍNDICE

Prefacio	ix
Introducción	xi
Introducción a Cimientos Espirituales	xiii
1. Permitir la Perfecta Paz de Dios	1
Revisión: Permitir la perfecta paz de Dios	21
2. Actitud o Altitud	25
Revisión: Actitud o Altitud	33
3. Jehová, Tú Nos Darás Paz	37
Revisión: Jehová, Tú Nos Darás Paz	43
4. La Guerra Espiritual	45
Revisión: La Guerra Espiritual	69
Quiz: Spiritual Warfare	73
5. La Revolución del Conflicto	77
Revisión: La Revolución del Conflicto	87
6. Sin Reputación	93
Revisión: Sin Reputación	107
7. Pastores y ovejas	109
Revisión: Pastores y Ovejas	117
8. La Fe que obra por el Amor	121
Revisión: La fe que obra por el Amor	137
9. La Plomada	141
Revisión: La Plomada	153
10. La Declaración de Visión	155
Revisión: La Declaración de Visión	163
11. Alabanza y Adoración	167
Revisión: Alabanza y Adoración	175
12. Sube más arriba en Su Amor	179
Revisión: Sube más arriba en Su Amor	193
13. ¿Dónde encontrar una Palabra?	197
Revisión: ¿Dónde encontramos una Palabra?	205
Quiz: ¿Dónde encontrar una Palabra?	207

14. ¿Te conocen? 211
    Revisión: ¿Te conocen? 217
    Soluciones 221

    Agradecimientos 231

Cimientos Espirituales
Instituto de Entrenamiento Móvil Isaías 58

Copyright © 2020 por All Nations International
Derechos Reservados.
ISBN: 978-1-950123-54-4

El texto Bíblico ha sido tomado de la versión Reina-Valera © 1960 Sociedades Bíblicas en América Latina © renovado 1988 Sociedades Bíblicas Unidas - utilizado con permiso, y Santa Biblia, NUEVA VERSIÓN INTERNACIONAL® NVI® © 1999, 2015 por Biblica, Inc.® Usado con permiso de Biblica, Inc.® Todos los derechos reservados en todo el mundo.

Agradecimientos especiales a: Jennene Jeffrey

Instituto de Entrenamiento Móvil Isaías 58
Disponible para utilizar en programas de entrenamiento.

Para más información o para
pedir copias adicionales de este manual:

email: is58mti@gmail.com
contáctenos en: www.all-nations.org
curso en línea: is58mti.org

Dedicamos este manual:
A aquellos que quieren saber... pero nunca tuvieron un maestro.
A aquellos que buscaron la visión... para correr con ella.
A aquellos que quieren saber «¿Qué sigue?»
A aquellos que son llamados a ser maestros...pero no saben qué enseñar.
A aquellos que buscan a Cristo en Nosotros, ¡la Esperanza de Gloria!

Que este manual te revele a Jesucristo y que la paz que Él ha ordenado para ti este siempre contigo.

PREFACIO

A medida que viajamos alrededor del mundo, vemos a pastores y líderes tener complicaciones con "qué enseñar a su gente". Tal vez nunca han tenido entrenamiento en una Escuela Bíblica... y tal vez nunca puedan costearlo. Nuestro ruego es que Dios leerá esto para ti... que Él impartirá Su Evangelio a tu corazón, que te entrenará y que experimentarás la libertad, el poder de la paz y la capacidad de demostrar Su Amor a las Naciones.
Que todos trabajemos juntos mientras haya tiempo... Que sólo Él sea glorificado.
Deja que Jesús te lleve a las Naciones......
"Y será predicado este evangelio del reino en todo el mundo, para testimonio a todas las naciones; y entonces vendrá el fin". Mateo 24:14

INTRODUCCIÓN

En 1954, Dios le dio a la Rev. Agnes I. Numer la revelación de Isaías 58. Le dijo: "Este es Mi plan, para Mi iglesia, para el fin de los tiempos". Le mostró aviones, trenes, almacenes, centros de entrenamiento, centros de refugio, distribución de alimentos y mucho más.
La Rev. Numer estableció centros de entrenamiento donde los líderes recibían una visión, una esperanza, un plan y los principios del Reino de Dios. Esos líderes pusieron en práctica apasionadamente estos principios en los ministerios de todo el mundo. Dios ha sido su Jehová Jireh.
Dios también le mostró a la Rev. Agnes I. Numer una escuela de ministerio que compartiría estos principios de Su Reino con las naciones. El Instituto de Entrenamiento Móvil Isaías 58 está ahora disponible en formato impreso y libro electrónico.
Gracias.
All Nations International
Habacuc 2:2 "2 Y Jehová me respondió, y dijo: Escribe la

visión, y declárala en tablas, para que corra el que leyere en ella. 3 Aunque la visión tardará aún por un tiempo, mas se apresura hacia el fin, y no mentirá; aunque tardare, espéralo, porque sin duda vendrá, no tardará".

2 Timoteo 2:2 "Lo que has oído de mí ante muchos testigos, esto encarga a hombres fieles que sean idóneos para enseñar también a otros".

La Rev. Agnes I. Numer, también conocida como la "*Madre Teresa de América*" falleció el 17 de julio de 2010 a los 95 años de edad. Ella ha dejado un tremendo legado.

INTRODUCCIÓN A CIMIENTOS ESPIRITUALES

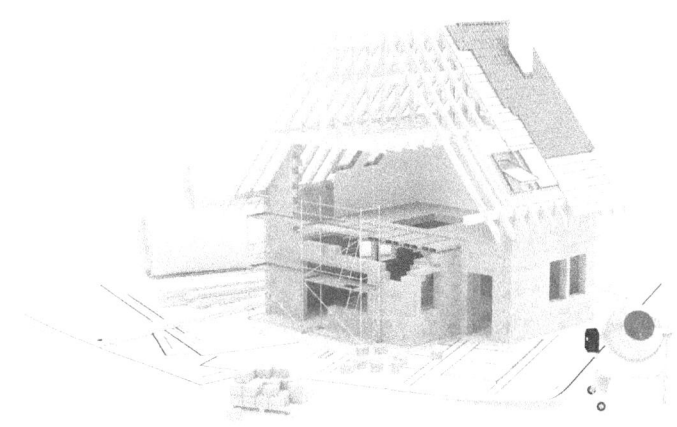

Demuestra el Amor de Dios.

¿Cómo demostramos el Amor de Dios? ¿Cómo escuchamos la voz de Dios para conocer las necesidades de los demás? Dentro de nosotros, no "sentimos" el Amor de Dios. Nunca hemos experimentado el amor de Dios por los demás, entonces, ¿cómo llegamos allí desde aquí? Sabemos que Jesús dijo en Juan 13:35: "En esto conocerán todos que sois mis discípulos, si tuviereis amor los unos con los otros".

Estos cimientos espirituales son las llaves que Dios nos ha entregado a través de Su Palabra para guiarnos hacia Su amor que fluye a través de nosotros a las naciones.

Pero primero, tenemos que estar conscientes de Su amor y cuidado por nosotros. Debemos experimentar Sus milagros creativos en nosotros. Debemos ser como Él y permitir que Su Corazón de Amor reemplace nuestro corazón de piedra.

Permite que la Palabra de Dios renueve tu corazón, lave tu mente e infunda la revelación de Su diseño para las naciones mientras lees y oras con estos **Cimientos Espirituales de Su Vida y Amor que fluyen a través de nosotros a las Naciones.**

CAPÍTULO 1
PERMITIR LA PERFECTA PAZ DE DIOS

I. Introducción

ESTA MAÑANA, sentí que el Señor quería que compartiera esta escritura contigo. Esta ha sido una escritura básica en nuestro ministerio a través de los años, una parte de nuestro fundamento que Dios ha establecido en nuestra vida. Es una parte de nuestra vida que lleguemos a ser como Él. Y hay mucha gente que está luchando el día de hoy, incluso entre nosotros, mas hay un camino que Dios ha hecho para nosotros del cual Él se encargara si se lo permitimos. Si nosotros nos hacemos cargo por nuestra cuenta, entonces estaremos en problemas, seguiremos creyendo mentiras y el enemigo seguirá destruyéndonos. Mas Dios tiene la respuesta en Su Palabra, porque Jesús la cumplió en la cruz.

LEAMOS ISAÍAS 26: 1-15

26 En aquel día cantarán este cántico en tierra de Judá:

Fuerte ciudad tenemos; salvación puso Dios por muros y antemuro.

2 Abrid las puertas, y entrará la gente justa, guardadora de verdades.

3 Tú guardarás en completa paz a aquel cuyo pensamiento en ti persevera; porque en ti ha confiado.

4 Confiad en Jehová perpetuamente, porque en Jehová el Señor está la fortaleza de los siglos.

5 Porque derribó a los que moraban en lugar sublime; humilló a la ciudad exaltada, la humilló hasta la tierra, la derribó hasta el polvo.

6 La hollará pie, los pies del afligido, los pasos de los menesterosos.

7 El camino del justo es rectitud; tú, que eres recto, pesas el camino del justo.

8 También en el camino de tus juicios, oh Jehová, te hemos esperado; tu nombre y tu memoria son el deseo de nuestra alma.

9 Con mi alma te he deseado en la noche, y en tanto que me dure el espíritu dentro de mí, madrugaré a buscarte; porque luego que hay juicios tuyos en la tierra, los moradores del mundo aprenden justicia.

10 Se mostrará piedad al malvado, y no aprenderá justicia; en tierra de rectitud hará iniquidad, y no mirará a la majestad de Jehová.

11 Jehová, tu mano está alzada, pero ellos no ven; verán al fin, y se avergonzarán los que envidian a tu pueblo; y a tus enemigos fuego los consumirá.

12 Jehová, tú nos darás paz, porque también hiciste en nosotros todas nuestras obras.

13 Jehová Dios nuestro, otros señores fuera de ti se han

enseñoreado de nosotros; pero en ti solamente nos acordaremos de tu nombre.

14 Muertos son, no vivirán; han fallecido, no resucitarán; porque los castigaste, y destruiste y deshiciste todo su recuerdo.

15 Aumentaste el pueblo, oh Jehová, aumentaste el pueblo; te hiciste glorioso; ensanchaste todos los confines de la tierra.

JESÚS PAGÓ EL PRECIO ALLÍ POR NOSOTROS PARA QUE llevásemos Su Palabra, creyéramos en Su Palabra y aceptásemos Su Palabra. Él dijo, "El cielo y la tierra pasarán, pero mis palabras no pasarán". Así de segura es Su Palabra para nosotros si creemos en ella. "En aquel día cantarán este cántico en tierra de Judá". Ahora, yo llamo "aquel día" a este día. Este es el día que Él lo hará por nosotros. ¡Este es el día en que cantaremos este cantico con Judá! Él dijo, "en tierra de Judá…"; estamos en la tierra de Judá. Amén. "Fuerte ciudad tenemos; salvación puso Dios por muros y antemuro".

"Abrid las puertas…"; es lo que tenemos que hacer. Tenemos que abrirnos al Señor. "…y entrará la gente justa, guardadora de verdades". Esta gente es especial. ¿Qué clase de gente es? Gente justa, guardadora de verdades.

Hoy en día, apenas se puede decir la verdad en ningún sitio. La Biblia dice que la verdad tropezó en la plaza. Eso es lo sucede hoy en día. Este es el día del cual Él habla. "Abrid las puertas, y entrará la gente justa, guardadora de verdades". Pero si no tenemos la verdad, no la podemos guardar. Conozco muchas personas que tratan de engañar a

Dios y desean las cosas del mundo, pero quieren seguir llamándose Cristianos. Eso no nos hace Cristianos. Lo que nos hace Cristianos es guardar la verdad. Tener a Cristo en nuestro corazón y en nuestra vida, hacer lo que su Palabra manda y guardar la verdad.

II. "Tú guardarás en completa paz…"

"Tú guardarás en completa paz a aquel cuyo pensamiento en ti persevera; porque en ti ha confiado". Bueno. Si guardamos la verdad, si somos rectos, entonces tenemos que serlo en la rectitud de Dios. No podemos tener nuestra propia rectitud. Normalmente tenemos planes y decimos, "Bueno, esto y esto es lo que haré" o "Voy hacer esto, esto y esto". ¿Y luego decimos que somos Cristianos? Ummm…eso no funciona. **El compromiso actual con el mundo está destruyendo al Cristiano.**

Hay una parábola llamada El Sembrador; un versículo en ella dice que algunos cayeron entre zarzas y espinas y se ahogaron. Los afanes de esta vida, las riquezas de esta vida, los placeres de esta vida los ahogaron, hasta que no dieron ningún fruto perfecto. Esta es la condición de la iglesia Cristiana de hoy en día. ¿Por qué? ¿Cuántos de ustedes se preocupan? Tú te preocupas. ¿Por qué te preocupas? Por los afanes de esta vida. ¿Qué sucede cuando buscamos los afanes de la vida y permitimos que nos saboteen? Nos inquietamos y no somos fructíferos.

¿Cuál es el fruto que Dios busca en nuestras vidas? "…la gente justa, guardadora de verdades". ¿Cuántos de ustedes tienen perfecta paz? Necesitas esta palabra. Amén. "Tú guardarás en completa paz a aquel cuyo pensamiento en ti persevera; porque en ti ha confiado". ¿Por qué es que no tenemos perfecta paz? Porque nuestra mente no permanece en Él. ¿Ahora dirás "Como puedo mantener mi mente en el Señor todo el tiempo y no poder pensar en ninguna otra cosa?". Eso no es lo que dice. Te daré otra escritura: "Confiad en Jehová perpetuamente, porque en Jehová el Señor está la fortaleza de los siglos. Porque derribó a los que moraban en lugar sublime; humilló a la ciudad exaltada, la humilló hasta la tierra, la derribó hasta el polvo". Dios derribó una ciudad y la hizo polvo, pero cuando estemos frente a Él le diremos que preferimos hacer las cosas a nuestra manera... ¿Quiénes creemos que somos? ¿A dónde llegaremos? Seremos polvo, no podemos hacerlo. Dios tiene una mejor manera. Un camino perfecto. Un camino para que nuestra mente permanezca en Él para tener Su perfecta paz en nosotros.

III. "Los moradores del mundo aprenden justicia".

El siguiente versículo dice "La hollará pie, los pies del afligido, los pasos de los menesterosos". ¿Qué es lo que están haciendo hoy en día con los damnificados, los pobres, los necesitados? Muchos de ellos están en las calles, pero ¿qué sucederá en la ciudad? Será humillada. Será hecha polvo. "El camino del justo es rectitud; tú, que eres recto, pesas el camino del justo. También en el camino de tus juicios, oh Jehová, te hemos esperado; tu nombre y tu memoria son el deseo de nuestra alma. Con mi alma te he deseado en la noche, y en tanto que me dure el espíritu dentro de mí, madrugaré a buscarte; porque luego que hay juicios tuyos en la tierra, los moradores del mundo aprenden justicia".

Detengámonos en este versículo un minuto… "porque luego que hay juicios tuyos en la tierra, los moradores del mundo aprenden justicia". Nosotros en este país decimos que no existe Dios; lo hemos expulsado de la vida pública y de todo lo público. Mas Él dice, "porque luego que hay juicios tuyos en la tierra, los moradores del mundo aprenden justicia". Ahora, los juicios de Dios están en la tierra. Él los retuvo hasta Su tiempo designado y ahora estamos en ese tiempo. Créanme que Dios juzgará todo lo que decimos y hacemos ahora. Si le pertenecemos y queremos que Él sea todo en nuestra vida, Él clamó, "…y en tanto que me dure el espíritu dentro de mí, madrugaré a buscarte…". Ya saben, la gente teme los juicios de Dios. Mas los juicios de Dios son para destruir las obras de Satanás. Los juicios de Dios no son contra el hombre, sino contra Satanás y las obras de Satanás en el hombre. Él quiere removerlos y traer Su justicia en cada uno de nosotros. Él dijo que los habitantes del mundo **aprenderán**, no dijo que "tal vez" o "quizás" aprenderán. ¿Y qué aprenderán? La justicia.

¿Ven que este mundo está en desorden? Está determinado a destruir la rectitud, está determinado a destruir la verdad, está determinado a destruir toda justicia y juicio. Mas Dios está determinado por Su Palabra que Su juicio vendrá primero. Y con Su juicio vendrá la justicia. Los habitantes del mundo aprenderán la rectitud. ¿Cómo se conseguirá esto? Dios tiene muchas maneras de hacerlo. Él tiene muchas maneras de hacerlo en nuestras propias vidas; muchas maneras de tratar con nosotros, porque quiere sacar de nosotros la basura y quiere que seamos puros en Su rectitud y Su verdad… "la gente justa, guardadora de verdades". Ahora Él no nos deja que hagamos este cambio por nuestra cuenta. Él nos pide que **le** permitamos hacerlo. Él quiere hacerlo, y cuando Él lo hace, es completo, cabal y perfecto.

Luego Él dice, "Se mostrará piedad al malvado, y no aprenderá justicia…". ¿Por qué? Porque es malvado. No cree en Dios. No quiere creer que Dios opera este universo y es malvado en todo; cada parte de él es maldad. Mas Dios no hace esto por él, porque nunca conocerá la rectitud. Mas sí verá el juicio y tendrá que declarar que es obra de Dios. Aunque se niegue a aceptarlo, tendrá que reconocerlo. "Se mostrará piedad al malvado, y no aprenderá justicia; en tierra de rectitud hará iniquidad, y no mirará a la majestad de Jehová". Lo rechazará, porque en su maldad no tiene deseos de conocer al Señor. "Jehová, tu mano está alzada, pero ellos no ven; verán al fin, y se avergonzarán los que envidian a tu pueblo; y a tus enemigos fuego los consumirá". Dios tendrá la última carcajada porque a la maldad a la que ellos se aferran, Dios le mandará fuego y la consumirá. Y en ese consumir, ellos también serán quemados por que rechazaron a Dios y el Señor.

IV. "Jehová, Tú Nos Darás Paz…"

"Jehová, tú nos darás paz, porque también hiciste en nosotros todas nuestras obras". ¿Qué es lo que Él está haciendo ahora? Está sacando de nosotros las obras de la carne y las obras del diablo. Está sacando estas cosas y poniendo Sus obras en nosotros. "…porque también hiciste…" ¿Que significa "hiciste"? Formar. Él está formando Su rectitud en nosotros. Él está poniendo Sus obras en nosotros. Hay veces que no sentimos que así sea. Sentimos otras cosas. Nos preguntamos dónde está su rectitud, mas Él está haciendo algo ahí. Él está moviendo estas cosas a la superficie para extraerlas. Amén… "Jehová, tú nos darás paz, porque también hiciste en nosotros todas nuestras obras". No son nuestras obras sino las de Él. Él nos está transformando. "No os conforméis a este siglo, sino transformaos por medio de la renovación de vuestro entendimiento…".

¿Qué es lo que Dios está haciendo aquí? "Tú guardarás en completa paz a aquel cuyo pensamiento en ti persevera". Dios está obrando en tu mente en este momento. "Jehová Dios nuestro, otros señores fuera de ti se han enseñoreado de nosotros; pero en ti solamente nos acordaremos de tu nombre. Muertos son, no vivirán; han fallecido, no resucitarán; porque los castigaste, y destruiste y deshiciste todo su recuerdo".

Otros señores se han enseñoreado de nosotros. ¡Vaya desorden que hemos hecho con nuestras vidas porque no escogimos la rectitud! No escogimos la verdad. ¿Qué sucedió? Otras cosas entraron a nuestra vida y tomaron posesión. Nuestras historias son muchas, y todas varían en este momento de nuestras vidas. Mas una cosa sigue firme: cuando Jesús termine su trabajo con nosotros, si le permitimos que Él haga Su obra, seremos rectos, guardaremos la verdad y estaremos en perfecta paz.

Él habla de todos esos señores. Podemos hacer una larga lista de todos los señores que nos molestan en todo momento, y muchos de ellos no existen. Estos señores vienen y nos visitan todos los días, nos atormentan, nos mienten, nos dicen muchas cosas que no son verdad. Mas tienen dominio sobre nosotros. ¿Por qué tienen este dominio sobre nosotros? Porque no le hemos dado el dominio a Dios. Los mantuvimos, y reinan sobre nosotros... entonces "...otros señores fuera de ti se han enseñoreado de nosotros". "Oh, bueno así soy yo", he oído a muchos decir. "Si me quieren, tendrán que quererme como soy...porque así soy yo". Y yo los miro y les digo que me siento mal por ellos, porque el Señor quiere cambiar nuestras vidas y hacernos como Él es. Dios tiene un plan claro para destruir a estos señores. Mas tenemos una decisión que tomar. Presten atención... "otros señores fuera de ti se han enseñoreado de nosotros: pero en ti solamente nos acordaremos de tu nombre". Sólo por medio del Señor se puede cumplir esto.

¿Pero cómo? Debemos permitir que Él lo haga. "Pero en ti solamente nos acordaremos de tu nombre". Tenemos que clamar al Señor con la determinación que no los recogeremos una vez más y que queremos ser libres. Cuando clamamos a Dios, esto es lo que Él hace. ¿Qué hará? Él dice que están muertos. ¿Entonces qué sucede? Él los destruye. No vivirán. Fallecidos están. Están muertos y enterrados. "Porque los castigaste y no resucitarán". Si estás muerto y enterrado no te levantarás. Lo ha dicho tan directo que no habrá duda alguna en tu mente de lo que Él puede hacer. ¿Cómo? "...pero en ti solamente nos acordaremos de tu nombre. Muertos son, no vivirán; han fallecido, no resucitarán; porque los castigaste, y destruiste y deshiciste todo su recuerdo". ¿Pensamos que esto es imposible? Mas si clamamos a Él, Él los destruirá y hará deshacer todo recuerdo.

"Aumentaste el pueblo, oh Jehová, aumentaste el pueblo;

te hiciste glorioso; ensanchaste todos los confines de la tierra". Te quiero decir este día que yo conozco la realidad de esta palabra y hay mucha gente que también la conoce. Es poderosa, pero tenemos que elegir. Tenemos que elegir si queremos vivir como el diablo, y que el diablo reine en nosotros, y ser atormentados día y noche, o decir que somos Cristianos. Porque Él ha hecho un camino para que nosotros tengamos perfecta paz. No es paz que viene de vez en cuando. "Tú guardarás en completa paz a aquel cuyo pensamiento en ti persevera".

Oraré por ti este día. ¿Tendrás paz ahora y mañana no? ¡NO! Él ha destruido todas esas cosas y las ha enterrado y no resucitarán más.

V. Jesús destruyó al "Viejo Hombre Pecador"

Sabes, yo me entrené en una iglesia donde se hablaba sobre la santificación. Después, cuando comencé a leer la Palabra de la manera que Dios me la presentó, vi algo diferente. Esta iglesia hablaba del viejo hombre pecador. ¿Lo conoces? ¿Te has encontrado con él? Este hombre ha desconcertado a muchos Cristianos. ¿Sabes lo que significa? Yo antes pensaba que era "la demostración de la carnalidad". Esta solía ser una expresión en la iglesia en la que me crie. Si levantabas la voz o decías algo que no aprobaban, decían "¡Oh, es una muestra de tu carnalidad!". Te tengo noticias. **Jesús dijo que Él se la llevó a la cruz.** A través del derramamiento de sangre, Él ha perdonado tus pecados. Destruyó el pecado de Adán que estaba en ti. ¿Qué fue lo que hizo? Él se lo llevó a la cruz. Era una maldición puesta sobre nosotros por la caída del hombre.

Jesús se lo llevó a la cruz. Cuando somos bautizados en agua, tenemos el privilegio de llevar al "viejo hombre" hacia la tumba de agua y enterrarlo. Él nos dejará llevar a ese viejo hombre pecador... pero Él lo destruyó en la cruz, destruyó su poder en la cruz... para cada Cristiano que lo escuche y obedezca. Bajas al agua, a una tumba con el Señor, y entierras a ese viejo hombre allí. No está vivo cuando bajas. Ya está muerto, **murió en la cruz**. Pero a ti se te da el privilegio de enterrarlo, para que estés seguro que ya no vive.

Qué alivio fue para mí cuando Dios me reveló esa escritura. Yo pensaba que seguiría cargando con ese viejo hombre pecador en mi caminar con Jesús. ¡Gracias a Dios que no es así! Podemos tener muchas cosas de las que deshacernos, pero tenemos a Jesús y Él se deshará de ellas por nosotros. ¡Amén! Él dijo que era muy importante bautizarnos en agua-en Jesucristo. No en una iglesia, no en las iglesias Metodista, Bautista o Católica, sino que en Jesucristo. El bautismo de Juan fue uno de arrepentimiento, pero el bautismo de Jesús es para llevarnos a Él, y Él venir a nosotros, despertando nuestro espíritu. Ya no somos de la raza de Adán-somos criaturas nuevas- una nueva creación formada allí mismo por Jesucristo, mientras bajamos a la cruz y entramos **al agua**, El viejo hombre queda enterrado, **para nunca más volver a levantarse** mientras permitamos que Jesucristo sea Señor y Rey en Su reino en nuestras vidas.

Si abandonamos a Dios, entonces vamos a pasar por un infierno. Vas a pasar por las cosas horribles que Satanás tiene para ti. Mas si te afirmas en el Señor y haces lo que Él manda, la poderosa obra que Él nos ha dado se completa en

Jesucristo. "**En él vivimos, nos movemos, tenemos nuestro ser**". Él es quien nos da perfecta paz que permanece en nosotros. Él lo ha ordenado. Él lo ha hecho posible. También ha hecho posible que seamos bautizados en agua para ser libres del viejo hombre pecador y así poder vivir en Su paz y destruir todos los malos afectos de esta vida.

Dios nos ha dado la respuesta – el Nuevo Nacimiento
Él le dijo a Nicodemo, "De cierto, de cierto te digo, que el que no naciere de agua y del Espíritu, no puede entrar en el reino de Dios", pero aquí, Él nos dice cómo hará la obra, para terminar con todo lo que el enemigo nos hace pensar para poder permanecer en nosotros. Dios lo remueve...si le permitimos. Si no le permitimos, seguiremos gozando nuestros pecados.

Yo creo que hay gente que los goza. Creo que **tenemos que determinar si vamos a permitirle a Dios que saque la basura, a aquellos antiguos señores de nuestras vidas.** El enemigo viene y trata de decirte, "¡Mírate!" si cometes un error o te enojas. Mas acuérdate que Dios nos hizo a Su semejanza. Él nos dio una naturaleza como Su naturaleza. Adán desechó esa naturaleza, ¿recuerdas? Mas Jesús nos la devuelve...si la queremos. Pero tiene que ser de nuestra propia elección, si queremos ser libres o si queremos permitir que otros señores nos destruyan día a día. O permitiremos que Dios nos libre de esos señores y que destruya para siempre su memoria para que nunca resuciten.

Esta Palabra es poderosa y real, y en ella, Dios perfecciona Su pueblo. Jesús la perfeccionó en el Calvario. La perfeccionó cuando salió de la tumba. Hoy, Su juicio ya está en la tierra, y los habitantes del mundo aprenderán justicia. Ellos aprenderán por medio de nosotros. Si le permitimos a Él completar la obra en nosotros, entonces obtendremos Su perfecta paz. Todas estas cosas serán expulsadas de nuestras vidas y reposaremos en Él. Él es Señor de Su Palabra. Pero depende de nosotros qué hacer con ella. Tenemos que decidir si queremos seguir cargando con estos viejos señores y quejándonos. Es poderoso saber es que Él deshace toda memoria. **No tenemos que seguir viviendo con "basura" en nuestras vidas.** No tenemos que soportarlo; si deseamos, podemos dársela al Señor y Él la destruirá. Amén. ¿Cuánto quieres Su paz? **Él ha ordenado Su paz a nosotros. Es nuestra, si la deseamos.**

VI. "Si andamos en luz, como Él está en luz…"

I Juan 1:7 dice: "…pero si andamos en luz, como Él está en luz, tenemos comunión unos con otros, y la sangre de Jesucristo su Hijo nos limpia de todo pecado". Él nos limpia. Dios Mismo nos limpia. Si cometemos un error, si pecamos, venimos a Él y le pedimos que nos perdone y Él inmediatamente nos perdona y nos limpia de todo pecado.

Yo creo que si esta verdad se ministrara en las iglesias como Dios lo planeó, no existirían apostatas. Porque cuando venga el diablo, si cometemos un error o un pequeño pecado, nos atormentará hasta que cometamos un millón. Y entonces, nos tendrá enganchados.

La Palabra dice, "nos limpia". Jesús está sentado a la derecha del Padre, intercediendo por nosotros como Hijo del Hombre. Él intercede para que nosotros seamos libres, libres de los poderes de Satanás. En Isaías cuenta la obra completa. Y aquí en Juan dice que "si andamos en luz, como él está en luz, tenemos comunión…".

¿Qué sucede cuando cometes un pecado y después te reúnes con los hermanos? ¿Qué sucede? Oh, ya no son todos hermanos. Así es. Te sientes raro entre ellos. ¿Por qué? Porque te has salido de la luz y la luz de los hermanos te enfada. **Sólo necesitas volver a entrar a la luz y Dios te perdonará.** Instantáneamente te perdonará, y de nuevo caminas en la luz. Entonces puedes convivir con los hermanos y tener comunión con ellos. Jesús dice que Él ha ordenado paz para nosotros. Y esa paz Él nos la ha dado.

Cuando Jesús regresó de entre los muertos, lo primero que Él dijo a Sus discípulos fue, "Paz a vosotros". Así que el Señor dice: "Te he dado Mi paz." Entonces, ¿por qué permites que el diablo te robe esta paz? Si has cometido un error, solamente tienes que pedirle perdón a Dios y la paz regresará. Es Su paz lo que Él te ha dado. Si nosotros con nuestras bocas y nuestras acciones perdemos esta paz, necesitamos volver a donde la perdimos y volver a recogerla de nuevo. Dios la tiene para nosotros, si le permitimos que Él nos la dé. **Mas no puedes tener una mezcla.**

Yo estoy muy en contra de algunas cosas que los Cristianos permiten hoy en día que involucran compromiso con el mundo. Cuando hay compromiso, es mejor despedirse de Jesús, porque cuando te vas hacia aquel lado, no hay manera de encontrarte con Él. ¡No podrás! No puedes estar con tu compromiso aquí abajo, con los malvados que se negaron a dejar que Jesús les diera perfecta paz.

Una de las grandes señales de la presencia de Dios es Su paz. Jesús la impartió inmediatamente a Sus discípulos. Cuando vino a verlos, después de que resucitó de entre los muertos, Él les dio Su paz. Él ha ordenado paz para cada uno de nosotros y es nuestra si la elegimos. Si no la eliges, bueno, ya te leí lo que te sucederá. Irás al lugar de los impíos. Lo que sí sé, es que **Dios no quiere que los Cristianos sean atormentados.** Si estás atormentado, deséchalo. Dale tu tormento al Señor y Su paz te guardará. Si no crees en Su Palabra, entonces no le pidas que haga algo por ti. Él dijo que para aquel que creyere, todo es posible. Él lo ha hecho posible. Él lo hará por nosotros si le permitimos hacerlo. **Es nuestro este día si lo deseamos.**

VII. Dos Experiencias Que Cambiaron Mi Vida

Tuve dos experiencias muy, muy importantes que completamente cambiaron mi vida; estas experiencias me dieron Su paz. Estaba siendo destruida, no por mi familia, sino por **lo que pensaba.** No tienes que ser afectado por lo que la gente dice o hace. **Si somos afectados, seremos lastimados.**

Mi mamá falleció cuando yo tenía 11 años de edad, dejándome con mis 5 hermanos y hermanas menores. Mi papá nunca había cocinado antes y no sabía nada acerca de cuidar niños, porque él trabajaba fuera de casa la mayoría del tiempo. ¡No te imaginas el caos que significa tener 5 hermanos y hermanas menores, especialmente cuando no hay una madre y no hay nadie encargado de ellos! Bueno, me hicieron pasar muchos momentos estresantes. Me decían: "¿Y tú que piensas que eres? No puedes mandarnos".

¿Qué crees que se desarrolló dentro de mí? Mucha frustración y "basura".

Después, cuando tenía 16 años, le di mi vida al Señor. ¡Allí fue donde comenzó la guerra! ¡Mis hermanos mayores dijeron que yo era una "fanática religiosa!". Se llevaron a sus hijos a otra parte del estado y no me permitían visitarlos, porque era una "fanática religiosa". Ellos inventaron muchas historias acerca de mí, y claro, todo llegó a mis oídos. En aquel entonces, yo estaba permitiendo que estas cosas me destruyeran. Mas tenía un llamado y sabía lo que Dios quería que hiciera, pero aún estaba mi familia.

Verás, está mal si nos aferramos a una familia cuando Dios está tratando de separarnos de ella para que Él pueda hacer algo en nuestras vidas. No tenía problemas con Dios, yo amaba al Señor. Pero no podía servirle porque tenía estas "cosas" en mí. Y así iba bajando directamente hacia el otro lado, porque permití que las cosas que la gente decía o hacía, o lo que el diablo hacía, me destruyeran. Esto no era una broma, era muy serio.

Un día, el Señor me dijo que tenía que dejar a mi familia. Él dijo: "Yo te tengo una familia que es Mi familia y será tu familia". Ese día marcaría el fin de mi vida, y lo entendí. Sabía que no podía seguir así y el Señor literalmente me sorprendió. Él me dijo, "Te he pedido que dejaras a tu familia, mas no has obedecido. Ahora, te ordeno que lo hagas". Y cuando Él lo ordenó, yo dije, 'Si, Señor". Y renuncié a mi familia. Lo hice instantáneamente y el Señor sacó cada recuerdo doloroso, incluso cosas que ya no recuerdo exactamente, porque Él las tomó y las destruyó. Pero tuve que dejar que Él lo hiciera.

Si hay algo en nuestra vida que nos impide permitir

que Jesús tenga el control total de nuestra vida, tenemos que deshacernos de ello. Sean persona u objetos, necesitamos deshacernos de eso. Ya que dejé ir mi a antigua familia, Dios me ha dado una hermosa familia-la familia de Dios. Mi familia ya no es mi familia- nada más son parientes que no afectan mi vida desde que Jesús los removió. Mas Él tuvo que removerlos. Si nos aferramos a las cosas que Él ordena que soltemos, estas mismas nos tomarán y nos destruirán. Mas si las dejamos ir, Él nos tiene algo mucho mejor, **sólo si le permitimos.**

    Dios tiene perfecta paz para cada uno, si le permitimos limpiar la casa y remover las cosas a las cuales nos aferramos. Es muy, muy poderoso lo que Dios puede hacer en unos días. Dios quiere hacer esto para cada uno. La razón por que muchos andamos vagando y cargando problemas es porque no se las hemos dado.

    En otra ocasión, estaba ministrando en California del Norte. Había ministrado cuatro veces ese día y luego me fui a mi cuarto a reposar. El Señor entró a mi cuarto y comenzó a hacer cirugía en mi cráneo. Sentí cuando Él abrió mi cráneo. Sabía que era el Señor. Es como si hubiera estado visualizando lo que Él estaba haciendo. Le dije, "¿Señor, qué estás haciendo?". Él respondió: "Te estoy quitando todo lo que no debe estar ahí". Después, experimenté un sentimiento tibio que se extendía sobre todo mi cráneo, y le dije, ¿y ahora qué estás haciendo?". Él dijo: "Estoy poniendo mi Espíritu, mi Luz allí, y removiendo toda la obscuridad". Y lo selló en este lugar aquí y dijo: "Estoy sellando esta puerta para que nada de esto pueda regresar". Fue una gloriosa experiencia y no ha cambiado en mi vida desde ese día.

Estas dos experiencias transformaron mi vida, porque el Señor sacó aquellas cosas que el enemigo hubiera usado para destruirla.

El Señor me dijo que tanto la mente consciente como la inconsciente son como una grabadora. La mente inconsciente graba todo que oímos y vemos desde el día en que somos humanos. Todo está grabado-toda la "basura" que uno ve en la televisión, todo lo que uno oye en la radio, todas las películas que vemos, todo está grabado aquí adentro.

No queda mucho espacio para que uses tu cerebro, porque está todo contaminado. Mas el Señor dice que Él es el único que puede borrar la basura, y la borrará…si le permitimos. Eso fue lo que Él hizo por mí. No solamente me apartó de la gente, si no que quitó todos los patrones de pensamiento para que yo no permitiera que esas cosas me siguieran afectando. Dios cambió mi vida para poder tolerar a la gente, para poder vivir con gente, para seguir oyendo y obedecer Su voz.

Dios quiere hacer esto para cada uno de nosotros si deseamos que Él cambie nuestras vidas para ser instrumentos de Su amor y Su paz, Su gozo y Su justicia. Es nuestra decisión. Me preocupan nuestras actitudes. **Estamos viviendo por debajo de lo que Dios nos ha dado, cuando permitimos que estas cosas nos afecten.** El Señor tiene la respuesta este día en Su Palabra: **si queremos perfecta paz, Él nos la dará.** El quitará toda preocupación y toda ansiedad.

VIII. Conclusión y Oración

No creo que haya habido un ser humano en el mundo tan lleno de preocupaciones como yo. Es cierto. Desde pequeña me preocupaba, todo lo que tenía en mi mente eran preocupaciones.

¡Oh, pero es tan maravilloso! **Dios nos ama tanto** como para tomar a una pequeña niña de Ohio, descalza y sin valor alguno, llena de preocupaciones que no podía pensar lúcidamente, y transformar su vida para que Jesús le diera paz. Y Él te dará esta paz. **Su paz nunca se acaba** si caminamos con Él. Si permitimos que Él nos dé Su paz, esta aumentará en nuestras vidas y será más y más fuerte.

Cuando estaba criando a mis hijos, tuve un problema en mi cuerpo muy, muy serio. Mis hijos, mi hija de 12 y mi hijo de 15, tuvieron que soportarme, y yo físicamente era un manojo de nervios.

Un día fui a una reunión. Conocía al hombre que estaba hablando así que sentí deseos de ir. Cuando entré a la reunión, el hombre me dijo, "Hermana, el Señor te está curando ahora de un desorden nervioso que has tenido toda tu vida". ¡Y así de rápido se fue! ¡Desapareció! Desde ese día nunca he sufrido otra vez. Tuve la paz de Dios. Doy gracias a Dios por Su amor, Su paz y Su compasión para librarnos y mantenernos libres por medio de Su paz. Amén. Su paz es nuestra si la queremos este día.

Si quieres seguir viviendo con tus problemas, si quieres seguir con las mismas cosas, entonces sigue con ellas, mas Dios tiene la libertad. Tiene la sanación. Tiene la paz. Una poderosa paz **en este día**, si la deseamos.

Depende de nosotros. "Jehová, tú nos darás paz…"; Él

provocará que todo recuerdo muera. Qué poderoso es el Dios al que servimos. Él lo ha puesto en nuestras manos. ¿Qué vamos a hacer con esto? ¿Prestaremos atención y oiremos lo que Él manda y permitiremos que cambie nuestra vida o continuaremos en el mismo camino? Una cosa te digo: nunca vas a mejorar, a menos que le permitas Su paz y vivas en ella. Porque Dios la ordenó para nosotros.

Su paz—para que vivamos en Su paz, caminemos en Su paz, y seamos una nación justa que guarda la verdad. Gracias a Dios por su Palabra. No necesitamos interpretarla. Es lo que Él dice que es. A mí me gusta dar la Palabra y dejar que el Espíritu del Señor hable.

Padre, te adoramos. Jesús, te pedimos en este momento que toques a cada persona que oye esta palabra. Jesús, que lo que Tú das se nos sea impartido. Señor, tú conoces la necesidad de toda persona. Conoces sus necesidades este momento y, Señor, te has propuesto que ellas tengan paz. Mientras están de pie delante de ti, mira cada corazón, cada actitud, todo lo que no es a Tu semejanza. Jesús, te pido que te muevas en medio de esta gente y liberes a aquellos que deseen ser libres. Señor, te doy gracias. Esta es la Palabra que nos has enviado. Nos la has dado pura, inmaculada, y no diluida. Nos has dado la Palabra directa en este momento. Ahora, Señor, te pido que busques cada corazón, cada mente, cada persona. Te pido que trabajes esas obras en cada uno que lo permita **para que sean libres**. Dios, te pedimos que te muevas en medio de este pueblo. En el nombre de Jesús. Amen.

AHORA, REVISEMOS LO APRENDIDO

REVISIÓN: PERMITIR LA PERFECTA PAZ DE DIOS

1. "Abrid las puertas, y entrará la gente _____ guardadora de _____."
2. "Tú guardarás en _____ _____ a aquel cuyo _____ en ti persevera; porque en ti ha _____."
3. "Confiad en Jehová perpetuamente, porque en Jehová el Señor está la _____ de los siglos".
4. "...porque luego que hay _____ tuyos en la tierra, los moradores del mundo aprenden _____."
5. "Jehová, tú nos darás _____, porque también hiciste en nosotros todas nuestras obras".
6. "No os conforméis a este siglo, sino _____ por medio de la _____ de vuestro entendimiento...".
7. "Pero si andamos en _____, como él está en luz, tenemos _____ unos con otros, y la sangre de Jesucristo su Hijo nos _____ de todo pecado".

Verdadero o Falso

1. ___ La Palabra de Dios es la respuesta para toda lucha en nuestras vidas.
2. ___ Lo que nos hace Cristianos es guardar la verdad.
3. ___ El compromiso está destruyendo a los Cristianos de hoy en día.
4. ___ La razón por la que no tenemos perfecta paz es porque nuestras mentes no están en Él.
5. ___ Los juicios de Dios son contra el hombre.
6. ___Otros señores entraron en nuestras vidas porque no elegimos la verdad.
7. ___El "viejo hombre pecador" fue una maldición puesta sobre nosotros por la caída del hombre.
8. ___ "Si nos aferramos al Señor y hacemos lo que Él dice, la poderosa obra que nos ha dado está completa en Jesucristo".
9. ___ "Si cometemos un error, si pecamos, venimos a Él y le pedimos que nos perdone y Él inmediatamente nos perdona y nos limpia de todo pecado".
10. ___ "Si nosotros, por nuestras bocas y por nuestras acciones, perdemos esa paz, entonces tenemos que volver a donde la perdimos y recuperarla de nuevo".
11. ___ Si hay algo en nuestra vida que nos impide permitir que Jesús tenga el control total de nuestra vida, necesitamos deshacernos de ello.
12. ___ Tanto la mente consciente como la inconsciente son como una grabadora.
13. ___ El Señor es el único que puede borrar todo con lo que hemos llenado nuestras mentes.

14. ___ Los juicios de Dios son para destruir las obras de Satanás.

Relacionar

a. tropezó en la plaza
b. Parábola del Sembrador
c. los pies del afligido, los pasos de los menesterosos
d. grabadora
e. Jesús
f. tormento
g. La Palabra de Dios
h. paz
i. los afanes de esta vida

1. ____ Lo que le ocurrió a la Verdad
2. ____ Condición de la Iglesia Cristiana...
3. ____ ¿Quién hollará pie la ciudad?
4. ____ Se deshará de los antiguos señores
5. ____ Dios no lo desea para los Cristianos
6. ____ Mente consciente e inconsciente
7. ____ La respuesta se encuentra aquí
8. ____ Dios ordenó para nosotros
9. ____ Causan preocupación

CAPÍTULO 2
ACTITUD O ALTITUD

Mateo 5 - las Bienaventuranzas

¿Por qué tenemos las Bienaventuranzas? Porque en ellas Dios nos está enseñando a tener la actitud correcta. Es difícil para los seres humanos tener la actitud correcta. La única forma segura de tener la actitud correcta es tener a Jesús en nosotros. En realidad, no es sólo Jesús en nosotros, sino que es Su amor el que Él debe poner en nosotros. Puedo ver mucha carne. Puedo ver lo que llamamos "amor humano". Pero no es suficiente para cambiar nuestra actitud. Se necesita a Dios para cambiarla. Podrías decir: "No vives alrededor de la misma gente que yo. No conoces a la gente que yo conozco". Hay una cura, que es Jesús.

No a medias con Jesús, sino con Jesús hasta el final. ¡Su amor en todo! Estas son las leyes por las que debemos vivir. Solía pensar que estas escrituras eran para que llegáramos al cielo. No, son para que vivamos con ellas. Detente y considera nuestras actitudes y analiza si representamos a

Jesús o a nuestra carne. He oído a gente decir: "Tendrán que quererme. Así es como soy. Si no les gusta mi forma de ser, es una lástima. Tienen que afrontarlo". Tenemos que darnos cuenta de que es Jesús quien cambia nuestras vidas. Podemos tratar de hacer el cambio nosotros de todos modos; creemos que lo hacemos bien, pero los resultados se muestran en nuestra vida diaria y actitudes como la forma en que nos hablamos y tratamos.

Quiero presentarte al verdadero Jesús. El Jesucristo que Dios envió al mundo porque Él amaba tanto al mundo que Él creó... Quería que todos en el mundo conocieran a su hijo, Jesús. Ese sigue siendo el corazón del Padre. Miramos este mundo y es todo un caos. Cuando Dios traiga Su juicio, el mundo será un caos mucho peor.

¿Qué vamos a hacer? Hay una cosa que Dios requiere de nosotros: que seamos como Jesús. Extracto del mensaje "God's Love" de la Rev. Agnes I. Numer.

"Una mañana, me levanté alrededor de las 6 y bajé las escaleras a las 6:30. Vi a Annella, que pasó la noche con Agnes. Yo le dije que me quedaría con la reverenda Agnes I. Numer durante la última media hora hasta las 7. Agnes estaba durmiendo y noté que Annella le había quitado el oxígeno. Cuando se lo volví a colocar, se despertó y empezó a hacer preguntas... como siempre. Le pregunté si quería que le leyera la Biblia, y me dijo: "Por supuesto".

Mientras leía el libro de Mateo, llegamos al quinto capítulo. Fue una sensación inusual leerle Mateo 5 a la mujer que pasó años leyéndomelo. Las imágenes del recuerdo inundaban mi mente de cuando Agnes nos decía que consiguiéramos el diccionario para buscar las nuevas palabras que leíamos en las Bienaventuranzas. Recuerdo que fue una de las primeras lecciones que nos dio. Dios invierte mucho en nosotros. Usa las Bienaventuranzas como un chequeo de salud espiritual. Encuentro áreas en las que me quedo corta y le pido a Dios que traiga la plomada en esas áreas de mi vida, para que al final, no haya corrido la carrera en vano".

— Teresa Skinner

Hagamos un chequeo de salud espiritual.

Lee las escrituras a continuación y responde a las preguntas de análisis.

Mateo 5:
1 Viendo la multitud, subió al monte; y sentándose, vinieron a él sus discípulos.
2 Y abriendo su boca les enseñaba, diciendo:
3 Bienaventurados los pobres en espíritu, porque de ellos es el reino de los cielos.
4 Bienaventurados los que lloran, porque ellos recibirán consolación.
5 Bienaventurados los mansos, porque ellos recibirán la tierra por heredad.
6 Bienaventurados los que tienen hambre y sed de justicia, porque ellos serán saciados.
7 Bienaventurados los misericordiosos, porque ellos alcanzarán misericordia.

8 Bienaventurados los de limpio corazón, porque ellos verán a Dios.

9 Bienaventurados los pacificadores, porque ellos serán llamados hijos de Dios.

10 Bienaventurados los que padecen persecución por causa de la justicia, porque de ellos es el reino de los cielos.

11 Bienaventurados sois cuando por mi causa os vituperen y os persigan, y digan toda clase de mal contra vosotros, mintiendo.

12 Gozaos y alegraos, porque vuestro galardón es grande en los cielos; porque así persiguieron a los profetas que fueron antes de vosotros.

13 Vosotros sois la sal de la tierra; pero si la sal se desvaneciere, ¿con qué será salada? No sirve más para nada, sino para ser echada fuera y hollada por los hombres.

La luz del mundo

14 Vosotros sois la luz del mundo; una ciudad asentada sobre un monte no se puede esconder.

15 Ni se enciende una luz y se pone debajo de un almud, sino sobre el candelero, y alumbra a todos los que están en casa.

16 Así alumbre vuestra luz delante de los hombres, para que vean vuestras buenas obras, y glorifiquen a vuestro Padre que está en los cielos.

¿Qué dice el diccionario sobre estas palabras en Mateo 5?

    pobre en espíritu
    llorar

manso
justicia
misericordioso
pacificador
perseguido

Estudia y escribe el significado griego de estas palabras

reino de los cielos
consolación
recibir la tierra por heredad
saciar
alcanzar misericordia
de limpio corazón
ver a Dios
hijos de Dios
por causa de la justicia

¿Cómo se aplica esta escritura a mis "Actitudes"?

Las Bienaventuranzas dicen que somos la luz del mundo, ¿cómo te ves a ti mismo como una luz en este mundo?
¿Cómo "das luz" a todos los que están en la casa?
Lee las escrituras a continuación y responde a las preguntas de análisis.

Mateo 5:
17 No penséis que he venido para abrogar la ley o los profetas; no he venido para abrogar, sino para cumplir.

18 Porque de cierto os digo que hasta que pasen el cielo y la tierra, ni una jota ni una tilde pasará de la ley, hasta que todo se haya cumplido.

19 De manera que cualquiera que quebrante uno de estos mandamientos muy pequeños, y así enseñe a los hombres, muy pequeño será llamado en el reino de los cielos; mas cualquiera que los haga y los enseñe, éste será llamado grande en el reino de los cielos.

20 Porque os digo que si vuestra justicia no fuere mayor que la de los escribas y fariseos, no entraréis en el reino de los cielos.

21 Oísteis que fue dicho a los antiguos: No matarás; y cualquiera que matare será culpable de juicio.

22 Pero yo os digo que cualquiera que se enoje contra su hermano, será culpable de juicio; y cualquiera que diga: Necio, a su hermano, será culpable ante el concilio; y cualquiera que le diga: Fatuo, quedará expuesto al infierno de fuego.

23 Por tanto, si traes tu ofrenda al altar, y allí te acuerdas de que tu hermano tiene algo contra ti,

24 deja allí tu ofrenda delante del altar, y anda, reconcíliate primero con tu hermano, y entonces ven y presenta tu ofrenda.

25 Ponte de acuerdo con tu adversario pronto, entre tanto que estás con él en el camino, no sea que el adversario te entregue al juez, y el juez al alguacil, y seas echado en la cárcel.

26 De cierto te digo que no saldrás de allí, hasta que pagues el último cuadrante.

27 Oísteis que fue dicho: No cometerás adulterio.

28 Pero yo os digo que cualquiera que mira a una mujer para codiciarla, ya adulteró con ella en su corazón.

¿Sabías esto?

"Menos de uno de cada diez cristianos evangélicos sostienen que el adulterio, el sexo gay, la pornografía, la blasfemia, la embriaguez y el aborto son moralmente aceptables".

— Barna Research, November 2003

A la iglesia de Tiatira: "Pero tengo unas pocas cosas contra ti: que toleras que esa mujer Jezabel, que se dice profetisa, enseñe y seduzca a mis siervos a fornicar y a comer cosas sacrificadas a los ídolos". Apocalipsis 2:20

No se trata tanto de lo que hacen los demás, sino más bien de lo que yo hago. ¿Cómo nos muestran las siguientes escrituras esta verdad bíblica?

¿Cómo hacemos y enseñamos estos mandamientos?

Lee los versículos 27-28. Hoy es el día para revisar nuestros corazones.

¿Cómo te ves ayudando a tu congregación a caminar en santidad en estas áreas?

A veces decimos muchas cosas... ¿declaramos lo que queremos decir y queremos decir lo que decimos? ¿Es lo que decimos algo malo?

Mateo 5:44 Pero yo os digo: Amad a vuestros enemigos,

bendecid a los que os maldicen, haced bien a los que os aborrecen, y orad por los que os ultrajan y os persiguen;

Hoy en día, muchos nos odian o son intolerantes con nosotros. ¿Cómo podemos demostrar el versículo anterior en nuestra vida diaria?

Mateo 5:46 Porque si amáis a los que os aman, ¿qué recompensa tendréis? ¿No hacen también lo mismo los publicanos?

¿Ni siquiera los publicanos son iguales?

Qué fácil es olvidar...

Mateo 5:47 Y si saludáis a vuestros hermanos solamente, ¿qué hacéis de más? ¿No hacen también así los gentiles?

Qué fácil es olvidar... Sobre todo si pensamos que somos alguien, un pastor, un líder...

Mateo 5:48 Sed, pues, vosotros perfectos, como vuestro Padre que está en los cielos es perfecto.

Qué fácil es olvidar nuestra meta: ser como Jesús en todo lo que hacemos.

REVISIÓN: ACTITUD O ALTITUD

1. ¿Por qué Jesús nos dio las Bienaventuranzas?
a. Quería que nuestras vidas fueran difíciles
b. Para enseñarnos a tener la actitud correcta.
c. Él quería que tuviéramos más versículos para memorizar.

2. Es difícil para los seres humanos tener la actitud correcta.
a. V
b. F

3. ¿Cuál es la única forma segura de que tengamos las actitudes correctas?
a. Estudiar la Biblia continuamente
b. Ayunar y disciplinarnos
c. Pedir a Dios el amor de Jesús en nuestros corazones
d. Todas las alternativas

4. El amor humano es suficiente para tener las Bienaventuranzas en todas las personas.
a. V

b. F

5. ¿A quién debemos mostrar el amor de Dios?
a. A los miembros de nuestra familia
b. A nuestros amigos
c. A nuestros enemigos
d. A la gente de nuestra iglesia que no conocemos
e. Todo lo anterior

6. ¿Cómo se aplica esta escritura a mis "Actitudes"?
a. Me muestra cómo los demás necesitan tratarme
b. No es importante
c. Soy un líder y no necesito esta escritura
d. Me muestra dónde tengo que cambiar

7. ¿Cómo "das luz" a todos los que están en la casa? (Elije al menos 4)
a. Le pido a Dios que me muestre cómo amar a los demás
b. Le leo las escrituras a los demás, aunque no quieran oírlas.
c. Hablo con los demás sobre las cosas que les conciernen
d. Le cuento a otros sobre Jesús
e. Lucho por mis derechos y privilegios raciales
f. Invito a otros a la iglesia
g. Convenzo a otros de mis puntos de vista políticos
h. Doy comida a los que no tienen

8. "Pero tengo unas pocas cosas contra ti: que toleras que esa mujer Jezabel, que se dice profetisa, _____ y _____ _____ a _____ _____ a _____, y a comer cosas sacrificadas a los ídolos". Apocalipsis 2:20

9. Las Bienaventuranzas nos enseñan a demostrar el amor de Dios a los que son intolerantes con nosotros en nuestra vida diaria.
a. V
b. F

CAPÍTULO 3
JEHOVÁ, TÚ NOS DARÁS PAZ

Isaías 26:12 "12 Jehová, tú nos darás paz, porque también hiciste en nosotros todas nuestras obras. 13 Jehová Dios nuestro, otros señores fuera de ti se han enseñoreado de nosotros; pero en ti solamente nos acordaremos de tu nombre. 14 Muertos son, no vivirán; han fallecido, no resucitarán; porque los castigaste, y destruiste y deshiciste todo su recuerdo".

"JEHOVÁ, TÚ NOS DARÁS PAZ…". ¿Por qué Él lo dijo de esa manera? Lo dijo porque es Su voluntad, lo desea para nosotros, pero depende de nosotros recibirla. Él dijo, "Quiero que tengas paz". Si Él ha ordenado la paz para nosotros, entonces tenemos que recibir esa paz. Él también ha forjado todas nuestras obras en nosotros; Él puede hacernos ser todo lo que somos.

No es nuestra voluntad la que nos da el poder de tener paz, sólo podemos tenerla si la aceptamos. Si nos preocupamos en lugar de aceptar Su paz, entonces no tendremos paz. Otros señores nos roban esa paz. Jesús dijo,

"Os doy mi paz" pero si no la recibimos, ¿cómo podemos tenerla? Si tienes otros señores en tu vida, no tendrás paz en ella.

Antes de poder tener la paz de Dios, tenemos que limpiar la casa, reconociendo a los otros señores y luego renunciando a ellos. "Jehová Dios nuestro, otros señores fuera de ti se han enseñoreado de nosotros; pero en ti solamente nos acordaremos de tu nombre". No vamos a mencionar a esos otros señores nunca más, vamos a renunciar a ellos, declararemos formalmente que los hemos abandonado. Y luego... no los mencionaremos más.

Dios dijo: " Muertos son, no vivirán; han fallecido, no resucitarán; porque los castigaste, y destruiste y deshiciste todo su recuerdo". ¡Dios tomó a esos antiguos señores y los destruyó! Si permitimos que Jesús tome a esos señores y los destruya, Dios hará que su memoria perezca; ya no recordaremos las cosas horribles. Tendremos su paz. Él cambiará nuestra vida y nos dará Su paz. Jesús le dijo a la tormenta: "Calla, enmudece ". El Espíritu Santo dio Su Paz a través de los discípulos cuando ministraban a la gente. Si la gente recibía su palabra, entonces la paz permanecía. A la gente que rechazaba su palabra, Jesús dijo: "Sacudid el polvo de vuestros pies". (Mateo 10:13-14).

Jesús nos da esta paz hoy. La gente debe recibir la verdad para que sus vidas cambien; si rechazan la verdad, no tendrán más paz. Si pierdes la paz, pregúntate dónde estabas cuando la perdiste. ¿Qué estabas haciendo? ¿Qué te dijo Dios que hicieras? Vuelve a ese lugar y encuentra tu paz de nuevo. Dios dice "La paz os dejo, mi paz os doy; yo no os la doy como el mundo la da. No se turbe vuestro corazón, ni tenga miedo".

Si estás en algún lugar y no sientes la paz de Dios, detente y pregúntale a Dios qué pasó. Obedece a Dios; no quieres estar donde Dios no está. Tenemos que tener perfecta paz para avanzar y hacer lo que Dios quiere que hagamos. Si en nosotros tenemos tanto la verdad como el engaño, tendremos confusión. ¿Cómo vamos a saber lo que se supone que debemos hacer? ¿Cómo vamos a guiar a los demás?

¿Se da cuenta la iglesia de que podemos estar llenos de Su perfecta paz? El mundo quiere su camino, pero Jesús quiere que vayamos a la luz. Si otros rechazan la verdad serán engañados, pero nosotros nos mantendremos firmes y tendremos Su perfecta paz.

A veces cuando el diablo nos habla, intenta hacernos dudar; ¡no le escuches! Dile: "¡Ya no vives en mí!". No necesitas discutir con el diablo, no necesitas tener miedo. La palabra de Dios está en nosotros y Él es el que nos mantiene alejados del miedo. No hay ley contra la verdad, el amor y la paz: nadie ni ninguna ley puede quitártela. Cuando creemos en la palabra de Dios, el diablo no puede tener ningún efecto sobre nosotros. Las pruebas vendrán y es entonces cuando debemos estar de pie en la palabra de Dios. Él usará las pruebas para hacernos fuertes. Cuando Jesús fue probado, dijo, "Está escrito". Él fue el vencedor del enemigo y nosotros también, porque creemos en Su verdad.

Dios ordenó la paz para nosotros, nos ha acompañado en el proceso de cambiar, hemos permanecido en la verdad, y ahora Dios puede usarnos para ayudar a alguien más.

Oh Señor, Dios nuestro, en ti solamente nos acordaremos de tu nombre - los antiguos señores están muertos – ya fallecieron. Si intentamos desenterrar el pasado, estamos desenterrando cadáveres. Se han ido. Mientras permitimos que Dios coloque su perfecta paz en nosotros, **los antiguos señores ya no viven**. Él lo ordenó, lo desea y lo quiso para nosotros. Lo que está en Su voluntad es tuyo, ¿qué vas a hacer con ello??

¿De dónde obtenemos la verdad? De Su palabra. ¿Cómo sabes que tienes la verdad? Jesús dijo, "Yo soy el camino, y la verdad, y la vida". Él es el camino de regreso al Padre. No hay otro camino. En el nuevo nacimiento, **el Príncipe de la Paz viene a vivir dentro de nosotros**. Si confesamos nuestro pecado, nos perdonará y nos dará Su paz, Su vida, Su amor y nos llenará de Su luz. Entonces nos damos cuenta de que nuestros pecados se han ido y la perfecta paz está ahí. ¡Su palabra escrita debe ser fuerte en nosotros! Jesús es la Palabra Viva en nosotros.

Dios quiere usarte para ayudar a los demás. Después de que Él haya traído esta paz a tu vida, quiere usarte como una luz en este mundo para los demás.

Discierne su necesidad, el área de sus vidas que no tiene paz. Haz que lean Isaías 26 y sepan que esta es la voluntad de Dios para ellos. Que Jesús murió y resucitó, para que tengan paz y vida eterna. Ora con ellos creyendo en este milagro creativo en su mente, sus emociones y su espíritu. Dios sanará su quebrantamiento y visitará esas zonas de tormento y traerá la paz. Les mostrará cómo permitirles que los convierta en un hombre o una mujer de Dios. Les mostrará cómo leer su palabra y conocerlo. Anímalos a que se mantengan lejos y no vayan a lugares o hagan cosas donde esos antiguos señores tenían el control.

Esto es algo que Dios hace, **sólo Dios puede traer este tipo de paz**, una paz que sobrepasa el entendimiento. No podemos liberar a alguien del tormento, sólo Él puede. Y cuando lo hace, ¡Oh, la gloria! ¡Oh la alegría! Somos libres. **Dios quiere la paz para ti, la desea para ti... ¿estás listo para recibir su paz ahora?**

Extraído del mensaje "Isaiah 26" de la Rev. Agnes I. Numer

REVISIÓN: JEHOVÁ, TÚ NOS DARÁS PAZ

1. Tenemos el poder de tener paz por nosotros mismos
   a. V
   b. F

2. Dios ha hecho un camino para que tengamos paz mediante:
   a. Nuestra preocupación
   b. Nuestro intento de tenerla
   c. Nuestra aceptación de la paz que nos ofrece

3. Para tener paz debemos deshacernos de otros señores:
   a. Renunciando a ellos
   b. Dándoles una notificación oficial de desalojo
   c. Luchando con ellos hasta la mañana

4. Para que nuestra vida cambie debemos:
   a. Leer más manuales prácticos
   b. Ser derrotados continuamente
   c. Recibir la verdad

5. No tenemos que tener miedo del diablo porque:
a. Conocemos su futuro juicio
b. La palabra de Dios está en nosotros y es la que nos mantiene alejados del miedo
c. Tenemos una cruz alrededor de nuestro cuello

6. Una vez que Dios nos ha acompañado en nuestro proceso de cambio y tenemos la victoria podemos ayudar a alguien más
a. V
b. F

7. Las pruebas vendrán y nos harán más débiles
a. V
b. F

8. Los antiguos Señores están muertos; han fallecido y ya no pueden afectarnos a menos que:
a. Pequemos de alguna manera
b. Adoremos por demasiado tiempo una sola vez
c. Desenterremos el pasado

9. Podemos ayudar a otras personas haciéndoles saber que Dios quiere que tengan paz
a. V
b. F

10. Podemos liberar a alguien del tormento, y podemos darle esta paz
a. V
b. F

CAPÍTULO 4

LA GUERRA ESPIRITUAL

La Guerra Espiritual siempre suena como algo que hacemos nosotros. Pero es Dios quien lo hace a través de nosotros; si Dios no lo hace, nosotros tampoco deberíamos hacerlo. Dios vino a liberar a los cautivos. Él quiere a Su pueblo libre más que nosotros.
Durante este curso de estudio, busca en Él Su guía divina - a quién Él quiere ayudar y Su compasión por los quebrantados. Recuerda que sólo queremos hacer lo que ves que Dios hace. También es bueno que no intentemos hacer la Guerra Espiritual solos; procura tener a alguien contigo que sea un guerrero experimentado.
La batalla no es nuestra, **es de Dios.**

El capitán del huésped

Josué 5:13-15 – 13 Estando Josué cerca de Jericó, alzó sus ojos y vio un varón que estaba delante de él, el cual tenía una espada desenvainada en su mano. Y Josué, yendo hacia él, le dijo: ¿Eres de los nuestros, o de nuestros enemigos?

14 Él respondió: No; mas como Príncipe del ejército de Jehová he venido ahora. Entonces Josué, postrándose sobre su rostro en tierra, le adoró; y le dijo: ¿Qué dice mi Señor a su siervo? 15 Y el Príncipe del ejército de Jehová respondió a Josué: Quita el calzado de tus pies, porque el lugar donde estás es santo. Y Josué así lo hizo.

Dios no es para nosotros, nosotros somos para Él. En nuestra vida diaria, busca los cambios que Dios está interesado en hacer. No se trata de cómo queremos hacer cambiar a nuestro amigo o a nuestro cónyuge. Cuando nos enfrentamos a una seria necesidad de Guerra Espiritual, recordemos que Dios ama a esa persona más de lo que nosotros podemos - tanto que envió a su Hijo a morir y vivir por ellos. Debemos permitir que Dios pelee la guerra.

3 claves para la guerra espiritual:

No por la fuerza ni el Poder, sino por Su Espíritu

Zacarías 4:6 Entonces respondió y me habló diciendo: Esta es palabra de Jehová a Zorobabel, que dice: No con ejército, ni con fuerza, sino con mi Espíritu, ha dicho Jehová de los ejércitos.

Jesús hizo lo que vio hacer a su Padre:

Juan 5:19 Respondió entonces Jesús, y les dijo: De cierto, de cierto os digo: No puede el Hijo hacer nada por sí mismo, sino lo que ve hacer al Padre; porque todo lo que el Padre hace, también lo hace el Hijo igualmente.

La sangre de Jesús lo pagó todo.

Una de las películas más crudas sobre la batalla que Jesús libró puede verse en *La Pasión de Cristo*. En todo el horror visual que se muestra, vemos a Cristo azotado, golpeado y colgado en la cruz; debemos darnos cuenta de que el horror que Jesús experimentó en realidad fue mayor que el que se podría mostrar a través de una película.

Jesús pagó el precio de llevar la autoridad sobre el diablo. Nosotros sólo aprovechamos y caminamos con su autoridad.

Revisemos - El capitán del huésped

El guerrero

Dios permite que las circunstancias en nuestras vidas no nos destruyan, sino que nos enseñen y nos fortalezcan.
Adiestra mis manos para la batalla - Salmos 18:34-40
Porque ¿quién es Dios, salvo el Señor? ¿y quién es una roca, salvo nuestro Dios? 34 Quien adiestra mis manos para la batalla, Para entesar con mis brazos el arco de bronce. 35 Me diste asimismo el escudo de tu salvación; Tu diestra me sustentó, Y tu benignidad me ha engrandecido. 36 Ensanchaste mis pasos debajo de mí, Y mis pies no han resbalado. 37 Perseguí a mis enemigos, y los alcancé, Y no volví hasta acabarlos. 38 Los herí de modo que no se levantasen; Cayeron debajo de mis pies. 39 Pues me ceñiste de fuerzas para la pelea; Has humillado a mis enemigos debajo de mí. 40 Has hecho que mis enemigos me vuelvan las espaldas, Para que yo destruya a los que me aborrecen. También lee 2 Samuel 22:35.

Salmo de David: 1 Bendito sea Jehová, mi roca, **Quien adiestra mis manos para la batalla, Y mis dedos para la guerra**; 2 Misericordia mía y mi castillo, Fortaleza mía y mi libertador, Escudo mío, en quien he confiado; El que sujeta a mi pueblo debajo de mí. Salmos 144:1-2

porque las armas de nuestra milicia no son carnales, sino poderosas en Dios para la destrucción de fortalezas; 2 Corintios 10:4

La gente me ha dicho que se ponen físicamente la armadura de Dios todos los días. Yo les digo que nunca me la quito. La noche es una lucha para mucha gente. La armadura de Dios es lo mismo que ponerse al Señor Jesucristo. Te lo pones y no te lo quitas. Hay momentos específicos en los que nos referimos a esa armadura - y reconocemos su uso. Nos aseguramos de que nuestras mentes estén protegidas y que no abrimos las puertas a través de la mentira u otros pecados.

La Armadura de Dios

"10 Por lo demás, hermanos míos, fortaleceos en el Señor, y en el poder de su fuerza. 11 Vestíos de toda la armadura de Dios, para que podáis estar firmes contra las asechanzas del diablo. 12 Porque no tenemos lucha contra sangre y carne, sino contra principados, contra potestades, contra los gobernadores de las tinieblas de este siglo, contra huestes espirituales de maldad en las regiones celestes. 13 Por tanto, tomad toda la armadura de Dios, para que podáis resistir en el día malo, y habiendo acabado todo, estar firmes. 14 Estad, pues, firmes, ceñidos vuestros lomos con la verdad, y vestidos con la coraza de justicia, 15 y calzados los pies con el apresto del evangelio de la paz. 16 Sobre todo, tomad el escudo de la fe, con que podáis apagar todos los dardos de fuego del maligno. 17 Y tomad el yelmo de la salvación, y la espada del Espíritu, que es la palabra de Dios;18 orando en todo tiempo con toda oración y súplica en el Espíritu, y velando en ello con toda perseverancia y súplica por todos los santos;" Efesios 6:10-18

La batalla es del Señor, no nuestra.

Si has ido a alguna base del ejército y usaste sus armas, no significa necesariamente que estés en el ejército. Si estás en el ejército, lo primero que declaras es tu lealtad a ese país, al gobierno y a los oficiales que te entrenan y dirigen. Sólo porque la gente "profetice, eche afuera demonios y haga obras maravillosas" no significa que estén haciendo lo que Dios les está mostrando que hagan. No significa que estén siendo movidos con compasión o en obediencia al Rey de Reyes.

21 No todo el que me dice: Señor, Señor, entrará en el reino de los cielos, sino el que hace la voluntad de mi Padre que está en los cielos. 22 Muchos me dirán en aquel día: Señor, Señor, ¿no profetizamos en tu nombre, y en tu nombre echamos fuera demonios, y en tu nombre hicimos muchos milagros? 23 Y entonces les declararé: Nunca os conocí; apartaos de mí, hacedores de maldad. Mateo 7:21-23

Dios está entrenando guerreros para su Reino que sabrán quién es Él, seguirán su dirección y se moverán con Su amor. Entonces, cuando nos encontremos con Él, nos dirá: "Bienvenido a casa, mi fiel servidor".

II Crónicas 20

Josafat tenía un serio problema. El enemigo iba a destruir su reino. Tres ejércitos se dirigían hacia él con una idea en mente: ¡Destrucción! Veamos qué pasos dio Josafat.

Josafat pidió que su pueblo ayunara y buscó al Señor

1 Pasadas estas cosas, aconteció que los hijos de Moab y de Amón, y con ellos otros de los amonitas, vinieron contra

Josafat a la guerra. 2 Y acudieron algunos y dieron aviso a Josafat, diciendo: Contra ti viene una gran multitud del otro lado del mar, y de Siria; y he aquí están en Hazezon-tamar, que es En-gadi. 3 Entonces él tuvo temor; y Josafat humilló su rostro para consultar a Jehová, e hizo pregonar ayuno a todo Judá. 4 Y se reunieron los de Judá para pedir socorro a Jehová; y también de todas las ciudades de Judá vinieron a pedir ayuda a Jehová.

La respuesta de Dios a Josafat
2 Crónicas 20:15 y dijo: Oíd, Judá todo, y vosotros moradores de Jerusalén, y tú, rey Josafat. Jehová os dice así: No temáis ni os amedrentéis delante de esta multitud tan grande, porque no es vuestra la guerra, sino de Dios.

Cuando Dios respondió a Josafat, lo adoró.
18 Entonces Josafat se inclinó rostro a tierra, y asimismo todo Judá y los moradores de Jerusalén se postraron delante de Jehová, y adoraron a Jehová. 19 Y se levantaron los levitas de los hijos de Coat y de los hijos de Coré, para alabar a Jehová el Dios de Israel con fuerte y alta voz.

Josafat se levantó temprano en la mañana y obedeció a Dios
20 Y cuando se levantaron por la mañana, salieron al desierto de Tecoa:

Josafat puso cantantes y bailarines en el frente para alabar a Dios
21 Y habido consejo con el pueblo, puso a algunos que cantasen y alabasen a Jehová, vestidos de ornamentos sagrados, mientras salía la gente armada, y que dijesen: Glorificad a Jehová, porque su misericordia es para siempre. 22 Y cuando comenzaron a entonar cantos de alabanza, Jehová puso contra los hijos de Amón, de Moab y del monte

de Seir, las emboscadas de ellos mismos que venían contra Judá, y se mataron los unos a los otros.

Josafat recogió el botín
25 Viniendo entonces Josafat y su pueblo a despojarlos, hallaron entre los cadáveres muchas riquezas, así vestidos como alhajas preciosas, que tomaron para sí, tantos, que no los podían llevar; tres días estuvieron recogiendo el botín, porque era mucho.

Josafat tuvo especial cuidado en agradecer a Dios por Su intervención.

26 Y al cuarto día se juntaron en el valle de Beraca; porque allí bendijeron a Jehová, y por esto llamaron el nombre de aquel paraje el valle de Beraca,[a] hasta hoy. 27 Y todo Judá y los de Jerusalén, y Josafat a la cabeza de ellos, volvieron para regresar a Jerusalén gozosos, porque Jehová les había dado gozo librándolos de sus enemigos. 28 Y vinieron a Jerusalén con salterios, arpas y trompetas, a la casa de Jehová. 29 Y el pavor de Dios cayó sobre todos los reinos de aquella tierra, cuando oyeron que Jehová había peleado contra los enemigos de Israel.

La presencia de Dios - tu Refugio - tu Llave
Más llaves:
- No puedes impartir lo que no tienes
- Si Dios no te ha dado una dirección, no te muevas con presunción.
- No temas, no des lugar al miedo.
- No te enfoques en el enemigo.

Enfócate en lo que Dios está haciendo y diciendo – ahora mismo. ¿Cuál es la mayor necesidad de esta persona? Dios, ¿cómo debemos orar en esta circunstancia? ¿Cuál es tu dirección? No des lugar a la preocupación y el miedo. Busca en la Palabra de Dios para saber qué dice su palabra sobre la situación.

Aunque estemos buscando y esperando la dirección de Dios, no significa que no hagamos nada. Si necesitas un trabajo, levántate temprano en la mañana y ora, límpiate y ve a buscar un trabajo. En el ejército, el soldado prepara sus armas y espera sus órdenes. Haz lo que sabes que debes hacer y también espera a Dios.

La guerra en la música – ¿Qué hizo Josafat?

La alabanza y la adoración es una clave importante. Dios habita las alabanzas de su pueblo y cuando estamos ministrando a alguien o luchando por nuestras propias vidas, necesitamos Su presencia. La alabanza ministra a Dios y a nosotros también.

Ve de a dos

Cuando ores por la liberación de alguien, o le aconsejes o ministres, lleva a alguien contigo. Si te pones en la posición de tener que ministrar o aconsejar a alguien del sexo opuesto, mantén tu corazón ante Dios y lleva a alguien contigo. No te involucres tan emocionalmente con ellos al punto de no poder ayudarlos. Es mejor que los hombres ministren a los hombres y las mujeres a las mujeres.

Después llamó a los doce, y comenzó a enviarlos de dos en dos; y les dio autoridad sobre los espíritus inmundos. Marcos 6:7

No eches fuera demonios en la ira, la arrogancia o el orgullo

No puedes echar afuera el pecado con el pecado. La ira, la arrogancia y el orgullo es pecado.

Sólo porque te irrita, no significa que sea un espíritu o que moleste a Dios.

He escuchado de personas que dicen "Te ato en el nombre de Jesús", mientras hablan con su cónyuge o amigo porque esa persona no está haciendo lo que quiere. ¡Esto no se trata de nosotros! ¡Se trata del amor de Dios que se demuestra al mundo para que lo conozcan! ¿Estamos orando y ayunando por nuestras propias necesidades egoístas o por su salvación?

Protege tu corazón

Las emociones de la gente son muy intensas durante estos tiempos; debemos mantenernos enfocados en que esto no se trata de nosotros, sino que **se trata de que el amor puro de Dios le sea demostrado** a esta persona, para que pueda ser sanada y restaurada a la totalidad.

Sobre toda cosa guardada, guarda tu corazón; Porque de él mana la vida. Proverbios 4:23

Así que, el que piensa estar firme, mire que no caiga. I Corintios 10:12

Un pájaro puede volar sobre tu cabeza, pero no dejes que anide ahí.

Pensamientos, pensamientos, pensamientos... Cuando somos libres y, al igual que cuando trabajamos con otros, que un pensamiento se te venga a la mente no significa que sea "el diablo" o que estemos derrotados. Cuando los pensamientos equivocados vengan, **no los tomes y te quedes con ellos**. Tampoco necesitamos condenarnos a nosotros mismos porque un pensamiento vino a nuestra mente. Él cambiará nuestras vidas y nuestras mentes cuando lo busquemos y se lo permitamos.

Esparciré sobre vosotros agua limpia, y seréis limpiados de todas vuestras inmundicias; y de todos vuestros ídolos os limpiaré. Ezequiel 36:25

26 para santificarla, habiéndola purificado en el lavamiento del agua por la palabra, 27 a fin de presentársela a sí mismo, una iglesia gloriosa, que no tuviese mancha ni arruga ni cosa semejante, sino que fuese santa y sin mancha. Efesios 5:26-27

Repasemos - El Guerrero

El Enemigo

Pero respondiendo el espíritu malo, dijo: A Jesús conozco, y sé quién es Pablo; pero vosotros, ¿quiénes sois? Hechos 19:15

El enemigo de Dios es fuerte y poderoso; no hay que jugar con él.

!!Cómo caíste del cielo, oh Lucero, hijo de la mañana! Cortado fuiste por tierra, tú que debilitabas a las naciones. Isaías 14:12

El enemigo odia a Dios. Nos odia porque fuimos formados a imagen de Dios y le recordamos a Dios.

14 Y Jehová Dios dijo a la serpiente: Por cuanto esto hiciste, maldita serás entre todas las bestias y entre todos los animales del campo; sobre tu pecho andarás, y polvo comerás todos los días de tu vida. 15 Y pondré enemistad entre ti y la mujer, y entre tu simiente y la simiente suya; ésta te herirá en la cabeza, y tú le herirás en el calcañar. Genesis 3:14-15

Naturaleza Carnal: Todo lo que fuimos antes de Cristo, todo lo que heredamos de Adán, todo lo que funciona en el ADN de Adán.

Nuestra naturaleza carnal - no importa cómo la vistamos o la disfracemos - no tiene poder cuando se trata de cosas espirituales. Y no tiene poder sobre el enemigo de Dios. Nuestra esperanza y fuerza es que:
Jesús pagó el precio de llevar la autoridad sobre el diablo.
Nosotros aprovechamos y caminamos en Su autoridad.

3 Pues aunque andamos en la carne, no militamos según la carne; 4 porque las armas de nuestra milicia no son carnales, sino poderosas en Dios para la destrucción de fortalezas, 5 derribando argumentos y toda altivez que se levanta contra el conocimiento de Dios, y llevando cautivo todo pensamiento a la obediencia a Cristo,; II Corintios 10:3-5

No le des lugar al diablo

La Guerra Espiritual se lleva a cabo a través de la autoridad de Jesucristo. No podemos expulsar el pecado con el pecado. Esta escritura nos dice cómo no dar lugar al diablo:

22 En cuanto a la pasada manera de vivir, despojaos del viejo hombre, que está viciado conforme a los deseos engañosos, 23 y renovaos en el espíritu de vuestra mente, 24 y vestíos del nuevo hombre, creado según Dios en la justicia y santidad de la verdad. 25 Por lo cual, desechando la mentira, hablad verdad cada uno con su prójimo; porque somos miembros los unos de los otros. 26 Airaos, pero no pequéis; no se ponga el sol sobre vuestro enojo, 27 ni deis lugar al diablo. 28 El que hurtaba, no hurte más, sino trabaje, haciendo con sus manos lo que es bueno, para que tenga qué compartir con el que padece necesidad. 29 Ninguna palabra corrompida salga de vuestra boca, sino la

que sea buena para la necesaria edificación, a fin de dar gracia a los oyentes. 30 Y no contristéis al Espíritu Santo de Dios, con el cual fuisteis sellados para el día de la redención. 31 Quítense de vosotros toda amargura, enojo, ira, gritería y maledicencia, y toda malicia. 32 Antes sed benignos unos con otros, misericordiosos, perdonándoos unos a otros, como Dios también os perdonó a vosotros en Cristo. Efesios 4:22-32

El arma de división del enemigo

Cuando entrenamos a ministros y pastores en el extranjero, una de las primeras preguntas que surge es por qué al ir al campo Misionero en un lugar oscuro, siempre terminaban peleándose entre ellos. Dios ordena una bendición cuando hay unidad. El enemigo de Dios disfruta de la división - una de las más grandes tácticas de guerra es causar división en el campo del enemigo - hacer que luchen entre ellos.

Cuando sentimos esta presencia de la División, ora contra ella y **permite que el amor de Dios fluya** a través de nosotros por el otro y niégate a reaccionar a la carne con nuestra carne.

La Armadura de Cristo

13 Por tanto, tomad toda la armadura de Dios, para que podáis resistir en el día malo, y habiendo acabado todo, estar firmes. 14 Estad, pues, firmes, ceñidos vuestros lomos con la verdad, y vestidos con la coraza de justicia, 15 y calzados los pies con el apresto del evangelio de la paz. 16 Sobre todo, tomad el escudo de la fe, con que podáis apagar todos los dardos de fuego del maligno. 17 Y tomad el yelmo de la salvación, y la espada del Espíritu, que es la palabra de Dios; 18 orando en todo tiempo con toda oración y súplica

en el Espíritu, y velando en ello con toda perseverancia y súplica por todos los santos; Efesios 6:13-18
14 sino vestíos del Señor Jesucristo, y no proveáis para los deseos de la carne. Romanos 13:14
¿Notan cómo la Armadura de Cristo está cubierta **cuando nos ponemos al Señor Jesucristo?** Nuestra cabeza está cubierta con Su Salvación, el Bautismo en Agua disuelve la Naturaleza Adánica. Cuando caminamos en Su Espíritu, cubrimos nuestras áreas más vitales con la Verdad y la Rectitud.

Cuando nos vestimos con el Señor Jesucristo y no hacemos provisión para la carne - vivimos con Su Armadura.

El enemigo odia a Dios. Nos odia porque fuimos formados a la imagen de Dios y le recordamos a Dios. No confiemos en el enemigo ni en lo que dice. Cuando lo vemos, preguntamos: "Señor, ¿qué quieres que haga en esta situación?". Empezamos a orar por la persona y a buscar a Dios por su salvación. Luego, cuando llega el momento de orar, atamos esos poderes al pozo del infierno en nombre de Jesucristo. Rezamos por la autoridad de Aquel que pagó el precio.

Extracto de "Intercession" por la Rev. Agnes I. Numer

Lee Daniel capítulo 10.

Daniel comenzó a orar, y Dios lo escuchó desde el momento en que puso Su corazón hacia Dios. Escuchó y conoció el llanto del corazón de Daniel. Pero las potencias, los principados en el aire que estaban de pie, impidieron que esa oración llegara a Dios. Y todo el asunto mientras Daniel rezaba el Señor se reveló a Daniel.

Fue Cristo lo que Daniel vio y quien lo ministró. Pero dijo que le llevó 21 días atravesar los principados y poderes que estaban en el aire y Daniel supo que Dios escuchó su oración, pero no pudo traer la respuesta hasta que hizo la guerra espiritual en los cielos.

Sé que los poderes de Satanás son más potentes en algunas ciudades que en otras. Estos son poderes que el enemigo ha establecido sobre áreas para permanecer allí. Así que Daniel no comió. Creo que debe haber ayunado esos 21 días. Pero el Señor quería que supiera que en el momento en que puso su corazón a orar... Dios escuchó su oración

Sé que esto es verdad. Dios nos ha dado algo tan poderoso y también estamos bendecidos con el Espíritu Santo. Estamos bendecidos con Uno que toma esa oración y la lleva al Padre de acuerdo a la voluntad de Dios. Estamos bendecidos hoy en día, a pesar de que los principados fueron arrojados a la tierra. Ahora, Satanás no puede ir a los cielos para declarar cosas contra nosotros al Padre. No puede. Dios nos ha dado autoridad y dominio para derribar los poderes y principados a través de la oración y la intercesión.

Revisemos - El Enemigo

El Cautivo

El cautivo en esta sección puede ser cualquier persona: tu vecino, la persona en la calle, tu familia; incluso tú puedes ser un cautivo.

Dios nunca quiso que estuviéramos cautivos.

7 Pero a cada uno de nosotros fue dada la gracia conforme a la medida del don de Cristo. 8 Por lo cual dice:

Subiendo a lo alto, llevó cautiva la cautividad, Y dio dones a los hombres. Efesios 4:7-8

18 El Espíritu del Señor está sobre mí, Por cuanto me ha ungido para dar buenas nuevas a los pobres; Me ha enviado a sanar a los quebrantados de corazón; A pregonar libertad a los cautivos, Y vista a los ciegos; A poner en libertad a los oprimidos; 19 A predicar el año agradable del Señor. m. Lucas 4:18-19

Desde antes de la caída del primer Adán, Dios tenía un plan para restaurar a su pueblo de regreso hacia Él Mismo.

13 Cuando alguno es tentado, no diga que es tentado de parte de Dios; porque Dios no puede ser tentado por el mal, ni él tienta a nadie; 14 sino que cada uno es tentado, cuando de su propia concupiscencia es atraído y seducido. 15 Entonces la concupiscencia, después que ha concebido, da a luz el pecado; y el pecado, siendo consumado, da a luz la muerte. Jaime 1: 13-15

34 Y no enseñará más ninguno a su prójimo, ni ninguno a su hermano, diciendo: Conoce a Jehová; porque todos me conocerán, desde el más pequeño de ellos hasta el más grande, dice Jehová; porque perdonaré la maldad de ellos, y no me acordaré más de su pecado. Jeremías 31.34

El corazón de Dios se mueve continuamente con compasión por Su pueblo para que puedan realmente abrazar Su naturaleza - Su ADN y vivir con Su paz.

12 Jehová, tú nos darás paz, porque también hiciste en nosotros todas nuestras obras. 13 Jehová Dios nuestro, otros señores fuera de ti se han enseñoreado de nosotros; pero en ti solamente nos acordaremos de tu nombre. 14 Muertos son, no vivirán; han fallecido, no resucitarán;

porque los castigaste, y destruiste y deshiciste todo su recuerdo. Isaías 26:12-14

En nuestras vidas, Dios no sólo quiere destruir al enemigo, sino también hacer perecer su memoria. ¡Este es el plan de Dios! Muchos cautivos no se dan cuenta de que Dios quiere que tengan paz.

Jesús echó afuera a un demonio que era mudo - la persona no podía hablar. Cuando terminó, la gente se preguntó cómo podía ser esto posible. Puedo imaginar el miedo y el desconcierto - esta liberación fue algo que nadie había visto durante la época de Jesús. Y entonces, Jesús aprovechó esa oportunidad para enseñar una lección sobre la Guerra Espiritual a aquellos que tenían un oído para oír:

24 Cuando el espíritu inmundo sale del hombre, anda por lugares secos, buscando reposo; y no hallándolo, dice: Volveré a mi casa de donde salí. 25 Y cuando llega, la halla barrida y adornada. 26 Entonces va, y toma otros siete espíritus peores que él; y entrados, moran allí; y el postrerestado de aquel hombre viene a ser peor que el primero. Lucas 11:24-26

Extracto de "Full Redemption" de la Rev. Agnes I. Numer:
"Jesús no pasó por la crucifixión sólo para hacer un trabajo a medias. Hizo un trabajo perfecto, somos nosotros los que hacemos un trabajo a medias. Dios no va a dejar que nos las arreglemos con un trabajo a medias, te lo hago saber. Tenemos que permitirle que limpie toda nuestra casa. Una vez, Dios me dio una visión de una mansión. Era una hermosa mansión, pero estaba sucia. Él dijo que así era cómo me veía. Dijo "te compré como eras; ahora, voy a limpiarte. Eres como esta mansión con telarañas, paredes

negras, suciedad por todas partes. Te voy a rejuvenecer y hacer cambiar".

Veremos si le dejamos hacerlo - decimos "te amo, y te dejaré limpiar mi casa" - ¡pero las otras habitaciones están cerradas! Esa es la forma en que queremos servir al Señor, pero no es la forma ideal. O le abrimos toda la casa o Él no se llevará nada. ¿Qué tal si compras una casa y el antiguo propietario quiere vivir en ella – tú pagas por una casa entera y él se queda con 3/4 de ella? No creo que eso vaya a funcionar. Es lo mismo con Jesús, no podemos servirle a medias. Tenemos que venir con todo nuestro corazón, con toda nuestra alma, mente y fuerza, cuerpo, mente y alma. Jesús pagó ese precio".

Siete veces peor no es un juego, no es nada con lo que jugar.

Cuando Dios libera a alguien y su "casa" es barrida, ¿qué hace? ¿Cómo llena su "casa"?

26 Entonces va, y toma otros siete espíritus peores que él; y entrados, moran allí; y el postrer estado de aquel hombre viene a ser peor que el primero. Lucas 11:26

Después de la liberación, la gente puede sentirse vacía y un poco perdida. El antiguo señor de esa zona en su vida se ha ido y ahora no saben qué hacer. ¡Estas áreas necesitan ser llenadas con Dios! Ora para que Dios llene a la persona con su paz y su alegría. Si no nace de nuevo, enséñale sobre la Salvación y pregúntale si le pediría a Jesús que entre en su corazón. Llévala al siguiente nivel en su camino con Dios. Enséñale cómo cerrar las puertas que le abrieron al enemigo. Anímala a ir a la iglesia y a tener comunión con aquellos que le darán fuerza y sanación.

8 Jesús le dijo: Levántate, toma tu lecho, y anda. 9 Y al

instante aquel hombre fue sanado, y tomó su lecho, y anduvo. Y era día de reposo[a] aquel día. a.(Aquí equivale a *sábado*). Juan 5:8-9
14 Después le halló Jesús en el templo, y le dijo: Mira, has sido sanado; no peques más, para que no te venga alguna cosa peor. Juan 5:14
10 Enderezándose Jesús, y no viendo a nadie sino a la mujer, le dijo: Mujer, ¿dónde están los que te acusaban? ¿Ninguno te condenó? 11 Ella dijo: Ninguno, Señor. Entonces Jesús le dijo: Ni yo te condeno; vete, y no peques más. Juan 8:10-11

Revisemos - El Cautivo

Nuestras Armas

3 Pues aunque andamos en la carne, no militamos según la carne; 4 porque las armas de nuestra milicia no son carnales, sino poderosas en Dios para la destrucción de fortalezas, 5 derribando argumentos y toda altivez que se levanta contra el conocimiento de Dios, y llevando cautivo todo pensamiento a la obediencia a Cristo, 6 y estando prontos para castigar toda desobediencia, cuando vuestra obediencia sea perfecta. 2 Corintios 10:3-6
　¿**El informe de quién creerás?**
　La Palabra de Dios dice que conoceremos la verdad y la verdad nos hará libres. ¿De dónde viene la verdad? ¿Creerás en la Palabra de Dios o creerás en tu horóscopo o en alguien que te lea la palma de la mano? ¿Creerás en la creación o en el Creador? ¿Te aferrarás al ADN divino o al ADN de Adán?

¿Quién ha creído a nuestro anuncio? ¿y sobre quién se ha manifestado el brazo de Jehová? Isaías 53:1

No podemos vacilar de un lado a otro; o la batalla es del Señor o lucharemos con nuestra mente carnal - nuestro conocimiento terrenal, con el ADN Adánico. No podemos tener una doble mente y esperar permanecer libres.

Renuncia a la esclavitud

Ora para que la ceguera salga de la mente del cautivo para que pueda ver a Jesús, el Autor y Consumador de su fe. El cautivo debe llegar a Dios, podemos hacer parte de la guerra, pero el cautivo debe tomar sus propias decisiones para que permanezca libre.

4 Por lo cual, teniendo nosotros este ministerio según la misericordia que hemos recibido, no desmayamos. 2 Antes bien renunciamos a lo oculto y vergonzoso, no andando con astucia, ni adulterando la palabra de Dios, sino por la manifestación de la verdad recomendándonos a toda conciencia humana delante de Dios. 3 Pero si nuestro evangelio está aún encubierto, entre los que se pierden está encubierto; 4 en los cuales el dios de este siglo cegó el entendimiento de los incrédulos, para que no les resplandezca la luz del evangelio de la gloria de Cristo, el cual es la imagen de Dios. 2 Corintios 4:1-4

¿Qué significa "renunciar"?

Renunciar significa "**renegar**". Cualquier cadena que el cautivo tenga, debe dejarla ir y "renegar" de ella; arrepentirse y alejarse de ello. Un día, Jesús me mostró un campo con un cartel de "No Pasar". Cuando pertenecemos a Jesús, el diablo es un intruso. Díselo. Debemos dejar ir todas las mentiras, deshonestidad, astucia para el engaño y pecados que abren la puerta al "intruso". Una vez que pertenecemos a Dios, tenemos el derecho de decirle al "intruso" que se baje y no vuelva nunca.

¿Qué hizo Jesús?

¿Qué hizo Jesús cuando se enfrentó a la Guerra Espiritual?

Después de que Jesús estuvo en el desierto y venció a Satanás al no ceder a la tentación, entró en el Templo con un testimonio, y con una declaración de su propósito en la vida.

Leamos Lucas 4:

4 Jesús, lleno del Espíritu Santo, volvió del Jordán, y fue llevado por el Espíritu al desierto 2 por cuarenta días, y era tentado por el diablo. Y no comió nada en aquellos días, pasados los cuales, tuvo hambre. 3 Entonces el diablo le dijo: Si eres Hijo de Dios, di a esta piedra que se convierta en pan. 4 Jesús, respondiéndole, dijo: Escrito está: No sólo de pan vivirá el hombre, sino de toda palabra de Dios. 5 Y le llevó el diablo a un alto monte, y le mostró en un momento todos los reinos de la tierra. 6 Y le dijo el diablo: A ti te daré toda esta potestad, y la gloria de ellos; porque a mí me ha sido entregada, y a quien quiero la doy. 7 Si tú postrado me adorares, todos serán tuyos. 8 Respondiendo Jesús, le dijo: Vete de mí, Satanás, porque escrito está: Al Señor tu Dios adorarás, y a él solo servirás. 9 Y le llevó a Jerusalén, y le puso sobre el pináculo del templo, y le dijo: Si eres Hijo de Dios, échate de aquí abajo; 10 porque escrito está: A sus ángeles mandará acerca de ti, que te guarden; m 11 y, En las manos te sostendrán, Para que no tropieces con tu pie en piedra. M 12 Respondiendo Jesús, le dijo: Dicho está: No tentarás al Señor tu Dios.

13 Y cuando el diablo hubo acabado toda tentación, se apartó de él por un tiempo. Jesús principia su ministerio 14 Y Jesús volvió en el poder del Espíritu a Galilea, y se difundió su fama por toda la tierra de alrededor. 15 Y enseñaba en las sinagogas de ellos, y era glorificado por todos. 16 Vino a Nazaret, donde se había criado; y en el día de reposo[a] entró en la sinagoga, conforme a su costumbre, y se levantó a leer. 17 Y se le dio el libro del profeta Isaías; y habiendo abierto el libro, halló el lugar donde estaba escrito: 18 El Espíritu del Señor está sobre mí, Por cuanto me ha ungido para dar buenas nuevas a los pobres; Me ha enviado a sanar a los quebrantados de corazón; A pregonar libertad a los cautivos, Y vista a los ciegos; A poner en libertad a los oprimidos; 19 A predicar el año agradable del Señor. m.

¡Éste es el propósito de la venida de Jesús a la tierra!
¡Poder liberarnos! Es lo que Dios quiere para nosotros, que podamos ser llevados de vuelta al Padre. ¡Oh, si Adán y Eva no hubieran elegido escuchar al Diablo! Oh, nos daríamos cuenta de todo lo que Dios tiene para nosotros y dejaríamos de escuchar a esos seres creados, y escucharíamos al Creador del Universo. ¡Cuán libres seríamos! Qué perspectiva tan poderosa de Aquel que ve TODO el pasado, el presente, el futuro y la eternidad... Debes decidirte: Vida o muerte, Libertad o Esclavitud, Bien o Mal. No podemos tener ambos.

5 Y si alguno de vosotros tiene falta de sabiduría, pídala a Dios, el cual da a todos abundantemente y sin reproche, y le será dada. 6 Pero pida con fe, no dudando nada; porque el que duda es semejante a la onda del mar, que es arrastrada por el viento y echada de una parte a otra. 7 No

piense, pues, quien tal haga, que recibirá cosa alguna del Señor.

Jaime 1:5-7
Extracto de "Don't Measure By Yourself" por la Rev. Agnes I. Numer

Estamos hablando de nuestras armas de guerra. Estas armas no son carnales, ¡son poderosas!

Una noche a las 3 de la mañana, alguien llama a mi puerta y dice: "Hermana Numer, esto es una emergencia, o no estaríamos aquí". El hombre y la mujer habían estado viniendo a nuestras reuniones, pero no sabíamos mucho sobre ellos. Él trajo a su mujer. Envié a mi hijo David a dormir a nuestro otro apartamento. Convertimos su habitación en una sala de liberación. ¡Sólo que nunca había hecho ninguna liberación en mi vida! Entré y el hombre estaba tan cansado de llevar a su esposa a todas las iglesias de Los Ángeles... Le dijeron: "Llévala a un hospital mental, no podemos ayudarla". Su esposa dijo, "Estaba en una iglesia y Dios me dio un momento de cordura para decirme que me llevaran donde la Hermana Numer, ya que ella me ayudaría". Yo no sabía si podría ayudarla. Empecé a orar por ello. La trajeron. Estaba fuera de sí. Me quedé allí y miré por mi gran ventana, pude ver las montañas, miré allí y dije, "Jesús, ¿qué voy a hacer?". Él dijo, "Tú no vas a hacer nada, yo sí". Entró por esa ventana... justo hacia mí.

Jesús hizo la liberación de esa mujer; nunca había experimentado algo así en mi vida. Toda la noche, Jesús me enseñó paso a paso. Él me ungió. Los poderes en ella mentían. Fue mi entrenamiento, para que yo supiera cómo hacerlo – cuando el Señor me ungió, no cuando yo quise hacerlo. Orábamos por ella durante un momento y luego yo caminaba hacia otra habitación, Él me dejaba descansar y a ella también. Después de Su descanso, entré para traerle la liberación. Aprendí todo sobre el diablo. Aprendí lo que decía y cómo actuaba. Su nombre, como se indica en Marcos 5:9: "Y le preguntó: ¿Cómo te llamas? Y respondió diciendo: Legión me llamo; porque somos muchos". Toda la noche, el resto de la noche, Jesús en mí liberó a esa mujer. Eran las 10:30 de la noche siguiente cuando el último de ellos salió de su cuerpo y el Espíritu del Señor vino y bailó por toda la sala - ¡libre!

Antes de su liberación, parecía una bruja, no sabía que el hombre con el que se había casado era un hombre de 69 años. Ella dijo, "¿Quién es este hombre?" Yo le dije que era su marido. Sólo tenía 32 años cuando Dios la liberó. Ella dijo, "No lo conozco. No puedo ir con él". Sus padres vivían en Arizona, así que la enviamos allá en un bus.

Esta es una de esas cosas que Dios ha hecho.

10 Entonces oí una gran voz en el cielo, que decía: Ahora ha venido la salvación, el poder, y el reino de nuestro Dios, y la autoridad de su Cristo; porque ha sido lanzado fuera el acusador de nuestros hermanos, el que los acusaba delante de nuestro Dios día y noche. 11 Y ellos le han vencido por medio de la sangre del Cordero y de la palabra del testimonio de ellos, y menospreciaron sus vidas hasta la muerte. Apocalipsis 12:10-11

Revisemos – Nuestras Armas

La Guerra Espiritual no es un juego, es algo que Dios hace a través de nosotros para ayudar a otros a conocerlo y ser libres. Este regalo de Dios para nosotros es para que la gente no tenga que pasar el resto de sus vidas atormentada y en cautiverio. El tormento no fue hecho para el hombre, el infierno no fue hecho para el hombre - debemos elegir ser libres para vivir eternamente en Su Amor, Su Paz y su Gozo.

No debemos estar de acuerdo con el enemigo en que el tormento interior es para nosotros y que siempre nos deben pasar cosas terribles. En este mundo, tenemos tribulaciones, pero Jesús ha vencido al mundo. La vida eterna de Dios comenzó cuando le pedimos a Jesús que fuera nuestro Señor y Salvador. Ese Reino Eterno comenzó a crecer en nuestros corazones. En este Reino tenemos Paz y Alegría, sin importar las circunstancias.

Cuando Jesús fue atraído por el Espíritu al desierto para ser tentado por el diablo, el arma más grande que tenía era que conocía a Dios y la Palabra de Dios. Usó la Palabra de Dios contra Satanás y se negó a hacer cosas contra la naturaleza de Dios. Al conocer la Verdad, esta nos hace libres.

Tómate tiempo para conocer a Dios, para conocer Su Verdad, para conocer Su naturaleza, para conocerlo a Él. Cuando el enemigo de Dios y el enemigo de nuestra alma venga, refúgiate en la presencia de Dios y obedece Su mandato.

La batalla es del Señor.

REVISIÓN: LA GUERRA ESPIRITUAL

I. El capitán del huésped

Explica cuándo y cómo Jesús:

- -Se preparó para la Guerra Espiritual en Lucas 4
- -Hace la Guerra Espiritual
- -Echa afuera demonios

¿Dónde menciona la Biblia que los Discípulos y otros - con éxito y sin éxito - echan afuera demonios? Explica lo que pasó.

II. El Guerrero

- Definir la guerra.
- Cuál es la batalla?
- ¿Cuál es nuestra meta?

III. El Enemigo

Preguntas de pensamiento crítico

Usando la información cubierta en esta sesión, ¿cuáles crees que serían las respuestas?

Si el enemigo de Dios tuviera una armadura, ¿cómo se vería?

La primera está respondida para ti.

Armadura de Cristo

Lomos - Verdad
Coraza - Rectitud
Pies - Preparación del Evangelio de la Paz
Escudo - Fe
Casco - Salvación
Espada del Espíritu - Palabra de Dios

Armadura del Anti-Cristo

¿Cómo es la armadura paralela del anticristo?

Lomos - Engaño
Coraza -
Pies -
Escudo -
Casco -
Espada del Espíritu –

¿Cómo podría el enemigo de Dios usar las siguientes llaves para mantener a alguien cautivo?

Condena
Presunción

IV. El Cautivo

Preguntas de pensamiento crítico
   Utilizando la información que se ha tratado en esta sesión, ¿cómo responderías a estas preguntas?

Las cadenas del Cautivo
Puede haber actitudes, adicciones, diferentes cosas que parecen controlar nuestras vidas donde no somos libres. Nombra cinco formas en que alguien puede haber abierto las puertas al enemigo de Dios y ahora puede estar cautivo:
   a)
   b)
   c)
   d)
   e)

Preguntas para debatir en grupo

¿Cómo se refuerzan las cadenas?
¿Por qué están ahí?
¿Cómo no van a volver?

¿Por qué Jesús dijo que saliera y no pecara más?

V. Nuestras Armas

Nombra cinco armas de nuestra sesión sobre la Guerra Espiritual
a) La unción de Dios
b)
c)
d)
e)

Preguntas de pensamiento crítico:

Cuando lees el extracto de "*Don't Measure by Yourself*" de la Rev. Agnes I. Numer, ¿qué esperanza te da para las experiencias de Guerra Espiritual que puedas encontrar o qué comprensión te da sobre las experiencias pasadas que tuviste con la Guerra Espiritual?

QUIZ: SPIRITUAL WARFARE

1. La Guerra Espiritual no es algo que hacemos; es algo que Dios hace a través de nosotros
a. V
b. F

2. La experiencia de Josué con el Capitán del Huésped nos enseña que
a. Podríamos encontrarnos con un ángel en cualquier momento
b. Dios no es para nosotros, nosotros somos para Él.
c. El diablo puede aparecer como un ángel de luz

3. Dios permite que las circunstancias difíciles en nuestras vidas nos fortalezcan
a. V
b. F

4. La gente que "profetiza, echa fuera demonios y hace obras maravillosas" debe estar haciendo la voluntad de Dios

a. V
b. F

5. En la Guerra Espiritual debemos enfocarnos en el enemigo
a. V
b. F

6. En la Guerra Espiritual, la presencia de Dios es la clave. Selecciona otra clave:
a. No te muevas en la presunción
b. Concéntrate completamente en lo que el enemigo está haciendo
c. Mantente muy ocupado

7. Concéntrate en lo que Dios está haciendo y diciendo ahora mismo y pregúntate:
a. ¿Cuál es la mayor necesidad de esta persona?
b. Dios, ¿cómo debemos orar en esta circunstancia?
c. ¿Cuál es Tu dirección?
d. Todo lo anterior

8. Deberíamos condenarnos a nosotros mismos si un pensamiento impío nos llega durante la guerra
a. V
b. F

9. La guerra espiritual se lleva a cabo por la autoridad de Jesús
a. V
b. F

10. En la guerra, cuando se siente la presencia del espíritu de división debemos:
a. Orar en su contra
b. Permitir que el amor de Dios fluya para cada uno
c. Negarnos a darle lugar
d. Todo lo anterior

11. Toda la armadura de Dios está incluida cuando nos ponemos a Jesús
a. V
b. F

12. Después de experimentar la liberación, una persona puede sentirse vacía
a. V
b. F

13. Las armas espirituales que tenemos son poderosas a través de Dios. Pueden:
a. Destruir ataduras fuertes
b. Derribar imaginaciones
c. Llevar los pensamientos al cautiverio para obedecer a Cristo
d. Todo lo anterior

14. ¿Qué significa renunciar?
a. Hablar críticamente de alguien
b. Desconocer, arrepentirse o alejarse
c. Una invitación abierta

15. Jesús conquistó a Satanás al no ceder a la tentación

a. V
b. F

CAPÍTULO 5
LA REVOLUCIÓN DEL CONFLICTO

Nuestras metas pueden ser más que ganar una discusión o averiguar quién tiene razón y quién no. Nuestra meta mayor es creerle a Dios que, a través del conflicto, puede haber una "Revolución"
Definición de Revolución:
Un cambio radical y generalizado en la sociedad y en la estructura social, especialmente uno hecho de manera repentina y a menudo acompañado de violencia.
Un cambio repentino, extremo o completo en la forma en que la gente vive, trabaja, piensa, etc.
Los conflictos no suelen ser muy divertidos. Pueden amenazar con provocar un cambio negativo. Pueden surgir de forma repentina e inesperada. Pueden llevar a la ruptura de una relación O pueden llevar a un cambio radical y poderoso hacia una relación más profunda con más respeto, confianza y comprensión. **El conflicto puede ser el camino más rápido hacia los cambios positivos.** No tengas miedo de los conflictos. Descubre que es **la forma en que**

actuamos y respondemos lo que puede causar que los conflictos traigan una muy necesaria "Revolución".

Mira cada conflicto como una **oportunidad**:

- Para profundizar la relación.
- Para entenderse mejor, estar más cerca y ser más abiertos.
- Para ganar respeto mutuo.

Guía para la revolución positiva durante un conflicto

- **Estamos del mismo lado.**

Toma la actitud de que este problema **no los va a dividir**.

Colóquense físicamente de manera que ambos estén juntos, enfrentando el problema.

Siéntense en una posición no amenazante.

<u>Ten una actitud de humildad</u>

¿Cómo **yo** he contribuido al problema? **La humildad puede admitir** que yo soy parte del problema.

La humildad puede decir: "**Lo siento, perdóname**".

Elije el momento y el lugar para hablar.

No es un buen momento para resolver problemas cuando estás demasiado enfadado. Tómate un tiempo para calmarte.

Escoge un buen lugar, no delante de niños u otras personas que no necesitan involucrarse.

- **Valoro nuestra Relación**

   Tómate el tiempo para expresar tu valor por la relación y que esperas encontrar una solución al problema en cuestión.
   ¿Cuál es el problema que estamos tratando de resolver? Si los dos están de acuerdo en definir el problema, tienen la oportunidad de resolverlo.

- **Expresa tus verdaderos sentimientos y escucha lo que realmente sienten.**

   Refleja lo que ha dicho la otra persona diciendo, "Déjame ver si entiendo, ¿estás diciendo que… o, estás sintiendo...?".
   <u>Busca entender verdaderamente.</u>
   No escuchando sólo sus palabras, sino su corazón.
   Escucha bien.
   A menudo, si escuchas bien, tendrás la oportunidad de hablar y ser escuchado.
   Hazle saber qué estás escuchando mediante tu lenguaje corporal y respuestas.
   Usa la escucha activa. "Te escucho; creo que entiendo lo que dices", etc.
   Busquen soluciones juntos.
   ¿Podemos mirar juntos la Palabra de Dios para obtener una respuesta? Si Su palabra es respetada, Él tiene una respuesta.

Aquí hay 10 principios para ayudarnos a desarrollar relaciones más profundas:

1. Sana el pasado

a. Cuando hemos sido heridos por algo en nuestro pasado que aún no ha sido sanado y alguien hace algo que "se siente" similar, podemos tener un flashback de emociones y recuerdos que pueden hacer que reaccionemos de forma exagerada. Nuestros recuerdos pueden afectar fuertemente nuestras relaciones presentes si no perdonamos y permitimos que Dios nos sane mediante Su Espíritu. Dios puede usar las situaciones actuales para "remover" viejas heridas. Si estamos alerta, es un buen momento para enfrentar las heridas del pasado y dejar que Él nos sane.

2. El amor de Dios, no el amor del hombre.

a. Nuestro amor humano sólo puede llegar hasta cierto punto. El amor de Dios nunca termina y nunca se rinde. La gente realmente necesita el amor de Dios y no nuestra simpatía. A menudo, podemos ser demasiado duros cuando la gente necesita una respuesta firme y demasiado duros cuando realmente necesitan amor y aliento. Deja que Dios ame a través de ti. Esto comienza con permitir que el amor de Dios penetre en nuestros propios corazones. Necesitamos una revelación de cuánto nos ama. Los sentimientos de rechazo y abandono que tenemos a menudo se proyectan en los demás cuando ni siquiera eso es cierto.

3. **Los votos son para siempre.** Son una promesa y un compromiso.

  a. Adelante, **saca tus viejos votos matrimoniales**. Léelos con atención. Date cuenta de que los votos son realmente un compromiso... "hasta que la muerte nos separe". Hay un gran consuelo en saber que vamos a trabajar juntos para que esto funcione.

  b. **El divorcio no es una opción. Ni siquiera menciones esa palabra.** No dejes que esté en tu vocabulario o en tu mente. Nunca la uses como una amenaza. Especialmente cuando crees que Dios te unió a tu pareja, no dejes que nada ni nadie los haga pedazos

4. **Las tentaciones son parásitos.**

  a. Hay vicios, hábitos y adicciones que son tan destructivos como las termitas y los parásitos.

   i. Cuando el cuerpo humano es devastado por los parásitos, nada funciona bien. Hay mucho dolor y el cuerpo está enfermo. Es lo mismo en un matrimonio.

   ii. **Los parásitos matan.** Lo que comienza pequeño puede crecer y tomar el control de toda la relación y traer su destrucción si no se trata correctamente.

   iii. Tenemos que deshacernos de los hábitos y adicciones que amenazan con destruir:
   1. Confiesa tu culpa a Dios.
   2. **Busca un "accountability partner" (socio responsable).**
   3. Clama a Dios por su poder para ayudarte a vencer.

4. No te rindas en tu primer intento de superación. Levántate y sigue presionando.

5. Caminar en el Perdón.

a. Con Dios, sabemos que **Él perdona**. Podemos estar seguros de que, cuando nos acercamos a Él humildemente confesando nuestro pecado, Él nos aceptará, nos perdonará y nos amará.

   b. Cuando caminamos en el amor, caminamos en el perdón. No decidimos cada vez... "¿perdonaré esta vez?". Jesús dijo setenta veces siete. Cuando nos aferramos a las cosas y contamos cuántas veces... entonces no caminamos en el perdón.

   c. La venganza debe dejarse a Dios. Cuando estamos enojados, estamos tentados de herir a otros con nuestras palabras y acciones. Deja la venganza a Dios. No la tomes en tus propias manos.

6. Honor, Respeto, Amor y Aprecio.

a. Define estas palabras - Honor, Respeto, Amor, Aprecio

   b. Los hombres necesitan ser **Respetados y Honrados**.

   i. Aprende a demostrar respeto.

   ii. Una mujer hace que todos sus hijos respeten o no respeten a su hombre.

   iii. Lo importante es cómo decir algo más de lo que estás diciendo.

   iv. Elije nunca hablar mal de tu pareja en público o a tus amigos. Edifícala, hónrala y hazla especial.

   a. **Las mujeres necesitan ser amadas**, apreciadas y

nutridas. Míralas como un jardín que necesita ser regado y cuidado para que entregue frutos.
 i. Cada mujer escucha, "Te amo" de una manera diferente.
 ii. Aprende las mejores maneras de decirle, "Te amo" a ella.
 iii. Hazla sentir especial.
 iv. **Habla bien de ella en privado y en público.**
 v. Sé creativo. El hecho de que te hayas tomado el tiempo para darte cuenta, el problema de hacer algo, y el cuidado de hacerlo especial significa mucho.

7. Caminen con humildad.

a. Hombres, aprendan a decir, "Lo siento, me equivoqué"

b. Mujeres, aprenden a decir "te perdono" y aceptar las disculpas. Déjalo ir. **No vuelvas a mencionarlo en la próxima discusión.**

8. Trata a los demás de la forma en que serán... No de la forma en que pueden ser hoy.

a. Ve a los demás como los ve Dios. **Esto requiere fe...** ver el potencial que Él ve.

b. No te quejes constantemente, deja que Dios controle a los demás y no a ti.

c. Sé paciente mientras Él trabaja. Dios no ha terminado con ellos todavía.

9. Responde por el Espíritu del Señor, no reacciones mediante la Carne.

a. A medida que aprendemos a caminar en el Espíritu, **no cumplirnos los deseos de nuestra carne**. Hay veces en las que nos gustaría reaccionar y responderles "sin filtro" o "desahogarnos" y "darles lo que se merecen". Todas estas cosas ocurrirían si actuamos mediante nuestra carne en lugar de dar a Su Espíritu el derecho de controlar nuestra lengua y nuestras emociones.

b. Cuando respondemos mediante Su Espíritu, entonces Él mismo se ocupará de ellos.

c. Una respuesta suave aleja la ira; pero una respuesta dolorosa la despierta.

10. Amor Incondicional.

Sinónimos de "incondicional": absoluto, total, ilimitado, completo, categórico, definitivo, terminante, tajante.

El amor incondicional es lo que Dios nos demuestra. Incluso cuando todavía éramos pecadores, Cristo murió por nosotros. **El digno murió por el indigno**. Él no consideró nuestra condición como imposible. Él extendió su mano con la esperanza de poder tocar y cambiar nuestras vidas.

a. Cuando amemos a alguien con amor incondicional, nos daremos cuenta de que no podemos hacerlo con nuestras propias fuerzas. La habilidad de amar incondicionalmente sólo viene de darse cuenta de que nosotros mismos hemos necesitado amor incondicional. Cuando nos damos cuenta de cuánto Él nos ama, podemos empezar a amar como Él nos ha amado.

b. **El amor incondicional se da libremente**, sin exigir nada a cambio. Esto va en contra de nuestra naturaleza carnal.

c. El poder del amor incondicional es que se da libremente. Es una elección de amor.

d. Este tipo de amor **cambia la vida de las dos personas** involucradas.

e. Se necesita fe para amar incondicionalmente y Dios lo verá y responderá. **Dios traerá los cambios necesarios.**

Las relaciones son muy gratificantes. Otras personas añaden alegría y satisfacción a nuestras vidas. Pueden darnos mucha felicidad y dolor. Las relaciones también son un trabajo duro. Se necesita compromiso y sabiduría. Dios nos da el Espíritu Santo para ayudarnos cuando necesitamos más gracia.

¿Alguna vez te has preguntado cuando oraste por más paciencia y gracia, si Él envió especialmente a ciertas personas a tu vida para desarrollar esas virtudes por las que estabas orando? No podemos amar a esas personas sin Su ayuda. Así que tenemos que llamarle a Él. Cuando Él añade más paciencia, entonces podemos ser más pacientes con todos los que nos rodean. Una vez que nos ha dado sus dones, son nuestros. Así es como crecemos. De Gracia en Gracia.

2 Pedro 1:5-7 5 vosotros también, poniendo toda diligencia por esto mismo, añadid a vuestra fe virtud; a la virtud, conocimiento; 6 al conocimiento, dominio propio; al dominio propio, paciencia; a la paciencia, piedad; 7 a la piedad, **afecto fraternal**; y al afecto fraternal, **amor**.

Dios desarrolla su carácter en nosotros cuando nos encontramos con personas que nos desafían. Es una progresión desde la fe a la templanza, a la bondad fraternal y finalmente a la caridad... que es el amor incondicional de Dios a través de nosotros. Él dice que tenemos que **dar toda la diligencia** para añadir su carácter a nosotros mismos. Por favor, acepten la invitación de crecer en Su carácter y gracia a través de los conflictos y las personas difíciles.

Consejos para discutir de manera justa

1. Asegúrate de tener suficiente tiempo para discutir tu desacuerdo.
2. No reacciones. Responde mediante el Espíritu del Señor.
3. No te desvíes del tema. Escucha con respeto.
4. No ataques el carácter de la otra persona.
5. No saques a relucir el pasado.
6. No discutas con una persona enfadada, deja que se calme primero.
7. No delante de los niños, la congregación u otros.
8. Siempre Honra.
9. Siempre reconcíliate más tarde.
10. Elije tus batallas.
11. No te vayas a la cama enfadado.

Si se lo permitimos, Dios nos ayudará a convertir cada conflicto en una revolución en nuestra vida y en nuestras relaciones.

REVISIÓN: LA REVOLUCIÓN DEL CONFLICTO

Preguntas para debatir

Describe cómo Dios trabaja a través de las relaciones para desarrollar Su carácter en nosotros.
Define la Revolución del Conflicto en tus propias palabras
Define estas cuatro palabras: Amor, Aprecio, Respeto y Honor
Describe dos formas de mostrar respeto a un hombre que puedan ser significativas para él.
Describe dos formas de mostrar amor a una mujer que podrían ser más significativas para ella
Explica cómo pueden afectar las heridas del pasado al presente. Cuenta una experiencia en la que esto te haya sucedido.

1. Formen 2 grupos y practiquen juntos (o en parejas) diciendo, "Lo siento, me equivoqué". En este ejercicio de grupo, tendremos a los hombres "practicando" disculparse y las mujeres aceptarán

amablemente esa disculpa. Esto puede ser incómodo al principio. Es por eso que la práctica es necesaria. Si lo haces solo, busca a alguien durante el día para disculparte. Todos ofendemos a los demás, así que deberíamos ser capaces de encontrar a alguien.
2. ¿De quién es la responsabilidad de cambiar a otras personas cercanas?
3. ¿Cuál es nuestra responsabilidad?

Este puede ser un buen momento para arrepentirse de haber tomado el trabajo de Dios

Revisión

1. Es un cambio repentino y extremo en la forma en que la gente vive, trabaja, piensa, etc.:
a. Un conflicto
b. Una revolución
c. Un desacuerdo
d. Un acto de humildad

2. Un conflicto incómodo puede ser el camino más rápido para los cambios positivos
a. V
b. F

3. Los conflictos pueden llevar a una relación más profunda y de confianza
a. V

b. F

4. Un conflicto puede ser una oportunidad para:
a. Ganar respeto mutuo
b. Pagar la hipoteca
c. Hacer que la persona pague lo que debe
d. Todo lo anterior

5. Si pasas demasiado tiempo escuchando, nunca serás capaz de hacer entender tu punto de vista
a. V
b. F

6. Selecciona 3 principios que ayuden a desarrollar relaciones más profundas
a. Permite que una profunda simpatía por la persona invada tu corazón
b. Deja que Dios te sane de los problemas del pasado que surgen en los conflictos actuales
c. Aprende a amar con el amor de Dios.
d. Date cuenta de cómo los hábitos y las adicciones están afectando tus relaciones
e. Alimenta tus sentimientos de rechazo y abandono
f. Siente lástima de ti mismo

7. En una boda, lo más importante es:
a. El pastel de boda
b. El color de los vestidos
c. Los votos que haces
d. El tipo de pastor que oficia la boda

8. Cuando caminamos en el perdón, tenemos que decidir cada vez si perdonar o no.
a. V
b. F

9. Las mujeres florecerán fructíferamente si las nutres como un jardín que necesita ser regado y cuidado
a. V
b. F

10. Sigue sacando a relucir el pasado hasta que lo hayas resuelto
a. V
b. F

11. La humildad trata a las personas como son hoy en día
a. V
b. F

12. Elije 4 palabras que definen el amor incondicional
a. Sinceridad
b. Parcialidad
c. Sin restricciones
d. Ilimitado
e. Dudoso
f. Sospechoso
g. Sin reservas

13. Nunca está bien estar en desacuerdo y discutir
a. V
b. F

14. Elije 4 de estas alternativas para discutir de forma justa
a. Divaga sin parar
b. Escucha con respeto
c. No te desvíes del tema
d. Trae el pasado
e. Ataca a la persona
f. Responde, no reacciones
g. No discutas cuando estés enfadado
h. Utiliza improperios

15. Cuando hayamos dicho o hecho algo hiriente, ¿qué debemos decir?
a. El diablo me hizo hacerlo
b. Es en parte tu culpa
c. Lo siento, me equivoqué
d. Ninguno de los anteriores

16. ¿De quién es la responsabilidad de cambiar a la persona a la que somos cercanos?
a. Tuya
b. Suya
c. De Dios

CAPÍTULO 6
SIN REPUTACIÓN

Filipenses 2:8-24

8 y estando en la condición de hombre, se humilló a sí mismo, haciéndose obediente hasta la muerte, y muerte de cruz.

9 Por lo cual Dios también le exaltó hasta lo sumo, y le dio un nombre que es sobre todo nombre,

10 para que en el nombre de Jesús se doble toda rodilla de los que están en los cielos, y en la tierra, y debajo de la tierra;

11 y toda lengua confiese que Jesucristo es el Señor, para gloria de Dios Padre.

12 Por tanto, amados míos, como siempre habéis obedecido, no como en mi presencia solamente, sino mucho más ahora en mi ausencia, ocupaos en vuestra salvación con temor y temblor,

13 porque Dios es el que en vosotros produce así el querer como el hacer, por su buena voluntad.

14 Haced todo sin murmuraciones y contiendas,

15 para que seáis irreprensibles y sencillos, hijos de Dios sin mancha en medio de una generación maligna y perversa, en medio de la cual resplandecéis como luminares en el mundo;

16 asidos de la palabra de vida, para que en el día de Cristo yo pueda gloriarme de que no he corrido en vano, ni en vano he trabajado.

17 Y aunque sea derramado en libación sobre el sacrificio y servicio de vuestra fe, me gozo y regocijo con todos vosotros.

18 Y asimismo gozaos y regocijaos también vosotros conmigo.

19 Espero en el Señor Jesús enviaros pronto a Timoteo, para que yo también esté de buen ánimo al saber de vuestro estado;

20 pues a ninguno tengo del mismo ánimo, y que tan sinceramente se interese por vosotros.

21 Porque todos buscan lo suyo propio, no lo que es de Cristo Jesús.

22 Pero ya conocéis los méritos de él, que como hijo a padre ha servido conmigo en el evangelio.

23 Así que a éste espero enviaros, luego que yo vea cómo van mis asuntos;

24 y confío en el Señor que yo también iré pronto a vosotros.

I. Siempre ha asumido la semejanza a los hombres

Veamos desde el comienzo del versículo 5: "5 Haya, pues, en vosotros este sentir que hubo también en Cristo Jesús, 6 el cual, siendo en forma de Dios, no estimó el ser igual a Dios como cosa a que aferrarse, 7 sino que se despojó a sí mismo, tomando forma de siervo, hecho semejante a los hombres; 8 y estando en la condición de hombre, se humilló a sí mismo, haciéndose obediente hasta la muerte, y muerte de cruz. 9 Por lo cual Dios también le exaltó hasta lo sumo, y le dio un nombre que es sobre todo nombre, 10 para que en el nombre de Jesús se doble toda rodilla de los que están en los cielos, y en la tierra, y debajo de la tierra; 11 y toda lengua confiese que Jesucristo es el Señor, para gloria de Dios Padre".

¿Por qué Él nos dice esto? En el versículo 3, Él dice, "Nada hagáis por contienda o por vanagloria...", y en el 2, "completad mi gozo, sintiendo lo mismo, teniendo el mismo amor, unánimes, sintiendo una misma cosa:".

Es un poco más difícil para nosotros ser personas "sin reputación" de lo que fue para Jesús. A veces pensamos eso, ¿no? Jesús es el Hijo de Dios y eso lo hace más difícil... porque tomó la forma de hombre. "Hecho a semejanza de los hombres".

Tal vez no signifique nada para ti que Jesús eligiera la semejanza a los hombres. Y no significa nada para ti que Él cancelara todo lo del cielo, todo lo que era parte de Su ser en los cielos... Lo dejó para ser como esas pequeñas criaturas que se arrastran por la tierra con dos piernas, supuestamente inteligentes, supuestamente grandes personas... y que supuestamente aún lo son. Todavía piensan que están por encima de Dios, y hacen que Dios sea alguien "sin reputación".

Un día, estaba muy molesta y le dije al Señor: "Dios, ¿por

qué no le muestras a este viejo mundo quién eres? ¿Por qué?". Entonces Él me dio el Salmo 78-61 donde dijo "Y entregó a cautiverio su poderío, Y su gloria en mano del enemigo". Dios aún no ha quitado toda Su gloria de la mano del enemigo. Aún no ha liberado Su fuerza en esta tierra. Pero lo hará. Está despertando en este momento. Sobre las cosas que se están diciendo y haciendo contra Él hoy... Él está preparándose para despertar como uno que ha estado en un sueño profundo y va a golpear a sus enemigos "por la retaguardia". Y cuando lo haga, algo va a suceder. Va a sacar Su fuerza del cautiverio y Su gloria de Satanás.

Se hizo semejante a los hombres, se hizo "sin reputación" y, estando en la condición de hombre, se humilló. Sabes, ninguna buena persona podría haber redimido a la humanidad. Ningún Hijo de Dios podría redimir a la humanidad. Sólo Jesús como el Hijo del Hombre podía redimir al hombre. Sea lo que sea que Él haya sido antes de venir a esta tierra, nunca más lo fue... porque tomó la forma de hombre para siempre, hecho a semejanza del hombre. "... y estando en la condición de hombre, se humilló a sí mismo, haciéndose obediente hasta la muerte, y muerte de cruz". Se hizo a sí mismo sin reputación, tomando la forma de hombre - no el Hijo de Dios, sino el Hijo del hombre. Nunca, nunca tendría la misma relación con el Padre cuando dejó el cielo para venir a la tierra: Él iba a ser por siempre moldeado como el hombre.

II. ¿Cómo podemos no someternos al grito de este Jesús?

¿Cómo podemos? **¿CÓMO NO PODEMOS SOMETERNOS A SU CRUZ?** ¿Cómo no someternos al grito del Señor que se humilló? Tal vez no sepas lo que significaría. Estoy segura de que no sé lo que significaría para el Señor de Señores y el Rey de Reyes venir y ser escupido, maldecido, injuriado, perseguido - todas las cosas desagradables y malvadas - y luego terminar en la cruz: **obediente hasta la muerte por ti y por mí.**

Creo que tenemos el descaro de pensar que podemos hablarle a Dios de cualquier manera, excepto obedeciéndole. No sé cómo pensamos que podemos ir por el camino del mundo, y comprometernos en el mundo, cuando Jesús no hizo ningún compromiso. ¿Cómo podemos? No podemos. Aunque pensemos que podemos arreglárnoslas, no podemos hacerlo. Porque Él se volvió "sin reputación" para ser como los hombres. Debería avergonzarnos incluso pensar en otra forma que no sea la de Dios.

Recuerdo el día en que me senté en una casa en la India. Un joven me hizo una pregunta: "Cualquier religión está bien, ¿no? Si crees en ella...". De repente, algo me pasó. El Señor me elevó al reino de la eternidad: fue antes del tiempo, antes de que el hombre fuera creado. Mientras estaba en el reino de la eternidad, escuché una conversación entre Dios Padre y su Hijo, Jesús. Sentí el gran amor de Dios que tiene por este que consintió en no tener reputación y consintió en ser como los hombres - para que nos sacara del juicio que ya había sido pronunciado sobre la raza humana, para sacarnos de la mano de Satanás y redimirnos de vuelta al Padre.

Sentí el amor del Padre por Su precioso Hijo y el precio que pagaría, ya que juntos comenzaron a hablar de lo que haría por esta humanidad que iban a crear, sabiendo muy bien que el hombre iba a caer en manos de Satanás y ser condenado para siempre sin Dios. Sabiendo todo esto, Dios creó al hombre para Su propio placer.

¿Cómo podemos dudar y añadir el mundo a nuestro placer? ¿Cómo podemos mezclarnos con las cosas del mundo y pensar que estamos haciendo el placer de Dios? ¿Cómo podemos hacerlo? ¿Cómo podemos siquiera pensar en estas cosas? "Oh, tienes que tener esto; tienes que tener aquello...".

No sé lo que le dije a la gente en esa mesa ese día, pero una cosa sí sabía: había estado en la presencia de Dios Todopoderoso, y había estado en la presencia de Su Hijo, y sabía cómo era el corazón de Dios y de Jesús, y sabía el precio que decidieron pagar para que tener personas llamadas seres humanos en una tierra que Dios creó para ellos, incluso el precio de la cruz - incluso el precio de dar su vida para llegar a ser como el hombre. No tenía que hacerlo. Dios no tenía que tenernos, pero deseaba un pueblo que le amara y le sirviera, no porque los golpeara para hacerlo, no porque pusiera circunstancias que nadie pudiera sortear, sino porque Su Hijo nos amaba. Dios nos amaba tanto que envió a su Hijo al mundo para morir por nosotros. Y Jesús nos amó tanto que dio su vida en la cruz por nosotros.

Entonces, ¿cómo podemos ser tan descarados? ¿Tan descarados que pensamos que podríamos desacreditarlo? ¿Cómo podemos hacerlo?

Y todo lo que Él nos pide es que tomemos esta vida y la consagremos totalmente a Él. Todo lo que pide es que nos vaciemos de las cosas que Satanás ha puesto sobre nosotros, y que nos llenemos de Su alegría, de Su amor, de Su paz, de Su justicia. ¿Cómo podemos equilibrarlo? ¿Cómo podemos justificarnos en lo que decimos y en lo que hacemos? ¿Cómo podemos hacerlo? No podemos hacerlo... no podemos hacerlo.

III. ¿Y si Jesús se hubiera comprometido?

El compromiso es algo terrible a los ojos de Dios. Si Jesús se hubiera comprometido con Satanás en el desierto, no habría habido redención para el hombre. Cada uno de nosotros estaría condenado a ir al infierno. Habríamos ido allí sin ningún indulto del Señor, si Jesús se hubiera comprometido en el desierto cuando Satanás estaba tratando de que reconociera que era el Hijo de Dios. No vino a esta tierra como el Hijo de Dios. Tomó la forma de hombre para redimir al hombre por su propia posición como Hijo del hombre. Él eligió convertirse en uno de nosotros. Eligió ser "sin reputación", para traernos a la presencia de Dios, para quitarnos de nuestra vida todo lo que está en contra de Dios; para ser todo para nosotros. ¿Cómo podemos ir a medias con Dios? ¿Cómo podemos pensar que podemos arreglárnoslas solos? **De ninguna manera. DE NINGUNA MANERA. El precio que Él pagó fue enorme.**

No sé cuánto tiempo estuve en el reino de la eternidad. El tiempo no existía allí. Sólo había eternidad. Pero algo me pasó allí. Fue como si el Señor me hubiera llevado al principio del tiempo cuando creó el mundo, y puso al hombre en la tierra. Vi todo esto suceder, y lo vi llegar al momento en que Jesús se hizo como hombre, a semejanza del hombre. Cómo trataron de matarlo tan pronto nació. Los fariseos y los saduceos trataron de matarlo; Satanás trató de matarlo en el desierto. ¡Pero él entró allí con poder, y salió con poder! ¡Amén! ¡El poder del Espíritu Santo!

Ganó nuestra redención en la cruz, pero ganó la batalla contra Satanás por nosotros en el desierto. Luchó esta batalla como el Hijo del Hombre, no como el Hijo de Dios. Satanás trató de tentar a Jesús para que respondiera como el Hijo de Dios, pero no quiso responder como el Hijo de Dios. Sabía que había venido como el Hijo del Hombre, y que debía ir a la cruz como el Hijo del Hombre, no como el Hijo de Dios. Él se despojó de su reputación para ti y para mí. Lo hizo para todo el mundo, a través de las generaciones del tiempo.

De nuevo yo estaba observando lo que estaba ocurriendo: todo lo que le pasó a Jesús en la cruz, después de su muerte y después de su resurrección. Luego, después de su resurrección, la escena cambió. Algo sucedió en la resurrección. Jesús completó lo que el Padre le envió a hacer. Fue para llevar a toda la humanidad que vendría a él de vuelta al Padre, de vuelta a Dios, con sus pecados perdonados, sus vidas transformadas.

Cuando se levantó de entre los muertos, la Biblia dice que los santos se levantaron con Él. ¿No es así? ¿Sabes lo que les pasó a esos santos? **¡Están ahí arriba, esperando que tú y yo nos** hagamos santos! Están ahí arriba esperando. Una hueste que nadie puede contar, mirando hacia abajo y diciendo: "¿Por qué no dejan que Dios haga lo que tiene que hacer con ustedes? Están retrasando el tiempo de la venida del Señor". No se compadecen de ti. ¡Están molestos porque te estás tomando demasiado tiempo! No dejas que Dios haga el trabajo que necesita hacer, para que Jesús pueda venir de nuevo. Este mismo Jesús murió en la cruz y resucitó. Este mismo Jesús nos perdona nuestros pecados. Este mismo Jesús viene de nuevo. Y esto es lo que dice: " 9 Por lo cual Dios también le exaltó hasta lo sumo, y le dio un nombre que es sobre todo nombre, 10 para que en el nombre de Jesús se doble toda rodilla de los que están en los cielos, y en la tierra, y debajo de la tierra; 11 y toda lengua confiese que Jesucristo es el Señor, para gloria de Dios Padre". Amén.

IV. Cada rodilla se va a inclinar

¿Qué es para nosotros pagar este precio para que podamos estar ante Él **para que nos haga como Él es**? ¿Por qué nos comprometemos? ¿Por qué permitimos que las cosas de este mundo, el diablo, la gente y las cosas nos impidan entrar en ese lugar en Él donde podemos saber que es Cristo en nosotros? Podemos saber que este amor cambia nuestras vidas.

Jesús nos la da la misma mente que tenía para que hagamos la voluntad del Padre, a través de Jesucristo, que murió por nosotros. Resucitó de nuevo, y no importa si lo creen o no. No importa si son malvados o no. No importa dónde están ante Dios hoy. No importa. "…ante mí se doblará toda rodilla, Y toda lengua confesará a Dios". Lo van a hacer, y puede que lo hagan en su ira o en su odio, o en su destrucción total de su alma, pero lo van a hacer.

Les guste o no.

Se acerca el día y van a tener que declararlo. No creo que

esté lejos, porque nuestro Señor pagó un precio para que nos llenáramos de la plenitud de Dios. Jesús pagó el precio para que pudiéramos estar ante Él en el Día del Juicio Final... No por nuestra audacia, sino por la honesta humildad de Jesucristo. Manténganse allí humildes, en la misma presencia del Hijo de Dios, para que podamos ser como Él.

V. ¿Qué significará para Jesús?

¿Puedes pensar en lo que significará para Jesús cuando Él vea esa multitud que se ha vuelto como Él? Él va a presentar el reino al Padre. Este reino que Satanás le quitó a Dios, y cree que está ganando por sobre todo. No, no lo está, porque un día nuestro Señor Jesús va a decir, "Ven conmigo. Quiero que vengas conmigo, mientras presento el reino de este mundo". **El reino que Jesús trajo a este mundo,** no el reino mundano. "Vamos, es hora de presentarlo al Padre". ¿Qué crees que hará el Padre cuando nos mire y vea a Jesús? No nos verá a nosotros, sino a Jesús. Eso es lo que mira ahora: a Jesús moldeando nuestras vidas para poder decir, "Vamos, Familia, quiero presentarlos a mi Padre". Jesús se convirtió en el Hijo del Hombre sin reputación, para que nos convirtiéramos en hijos de Dios - para que nos uniéramos a Él.

¿Cómo tenemos el valor? ¿Cómo creemos que tenemos el valor de hacerle esto a Jesús? ¿Cómo tenemos el descaro de dejar que nuestras vidas sean comprometedoras y estén medio llenas del diablo y medio llenas de nosotros mismos, en lugar de dárselo todo a Jesús, y permitir que Jesús se manifieste en nosotros? Creo que tenemos que considerarlo y ver dónde estamos en Él, porque Él quiere que estemos en toda la plenitud del Padre. Para ello, toda lengua debe confesar que Jesucristo es el Señor, para la gloria de Dios Padre. Espero que hoy este mensaje despierte tu corazón como nunca lo ha hecho en toda tu vida, y te haga dar la vuelta y te conviertas en alguien "sin reputación", como Jesús. Que te puedas dar cuenta de que Jesús lo hizo por nosotros, para que podamos inclinarnos ante Él y darle la gloria. Darle la gloria por cada pequeña cosa que nos da. Cada rayo de esperanza, todo lo que tenemos, el Señor nos lo ha dado. Sacudámonos de todas estas otras cosas.

VI. Todo lo que Él pide es que le demos todo

Conocí a un joven que se alejó de lo que Dios tenía para él. ¿Cómo puede alguien alejarse, cuando Dios ha hecho tanto en su vida? Podemos jugar con la gente, pero no con Dios. **Jesús lo pagó todo... para darnos todo lo que el Padre tiene para nosotros.** Es nuestro hoy y todo lo que pide es que le demos nuestro todo y lo tomará y nos dará su todo. Ya pagó el precio por nosotros, para que un día podamos presentarnos ante Él con valentía y saber que nos ha hecho como Él es, a través de su preciosa sangre, y en su poderoso nombre. Él ha transformado nuestras vidas.

Dios está diciendo, "Ríndanse todos a Jesús"
Te encontrarás con este mensaje en algún lugar del camino. Lo escuchaste y Dios te hará responsable. Lo encontrarás en el camino. Te animo a que lo conozcas antes de que llegue el juicio. Espero que hayas decidido hoy dejar que Jesús sea todo para ti. Espero que dejes todo a los pies

de Jesús, y que Él se convierta para ti en el Señor de Señores y el Rey de Reyes. Alabado sea Su nombre.

"...13 porque Dios es el que en vosotros produce así el querer como el hacer, por su buena voluntad. 14 Haced todo sin murmuraciones y contiendas, 15 para que seáis irreprensibles y sencillos, hijos de Dios sin mancha en medio de una generación maligna y perversa, en medio de la cual resplandecéis como luminares en el mundo; 16 asidos de la palabra de vida, para que en el día de Cristo yo pueda gloriarme de que no he corrido en vano, ni en vano he trabajado". Filipenses 2:13, 15-16

Oración de cierre

Padre, te damos las gracias. Jesús, te agradecemos que te hayas convertido en alguien "sin reputación" como el hombre. Y, Señor, nos preguntamos cómo pudiste morir por algo así. Oh Dios, sólo Tú debes decir que somos personas "sin reputación" excepto en Jesús. Señor, haz surgir tu espíritu en nosotros. Que el verdadero arrepentimiento llegue a cada uno de nuestros corazones, para que esta luz que está en nosotros se haga más brillante; para que podamos caminar sin compromisos en este mundo hoy; para que la luz se haga más y más brillante hasta el día perfecto. Te damos la gloria. Te damos gracias por esta Palabra. Te pedimos, Dios nuestro, que nos lleves a la realización de que no hay compromiso en Dios. Es todo en todo o nada en absoluto. Hoy, Señor Jesús, habla a nuestros corazones sobre todo lo que estamos tratando de comprometer. Te pedimos, Jesús, que nos tomes y nos dejes vernos como Tú nos ves, para que podamos estar ante Ti, liberados en la luz de Cristo para que sea revelado en nosotros. Te damos gracias, Señor, por esta Palabra. Te agradecemos por los oídos que la han escuchado y los corazones que la han recibido, y, Señor, te damos gloria por ella ahora, que Tú la llevarás a cabo. En Tu Maravilloso Nombre te lo pedimos, y por Tu gloria. Amén.

REVISIÓN: SIN REPUTACIÓN

Verdadero o Falso

1. ___ Jesús renunció sólo a una parte de lo que Él era en los cielos para convertirse en un hombre.
2. ___ Jesús aún no ha quitado toda Su gloria de la mano del enemigo.
3. ___ Sólo el Hijo de Dios podría haber redimido al hombre.
4. ___ Ahora Jesús tiene la misma relación con el Padre que antes de venir a la tierra.
5. ___ Podemos ir por el camino del mundo.
6. ___ Debería avergonzarnos pensar en cualquier otro camino que no sea el de Dios.
7. ___ Dios creó al hombre para su propio placer, aunque sabía que el hombre caería en manos de Satanás.
8. ___ Dios desea un pueblo que lo ame y le sirva, no porque los haya golpeado para hacerlo, ni porque haya puesto circunstancias que nadie pueda evitar, sino porque su Hijo nos amó.

9. ___ Jesús ganó la batalla por nosotros en la cruz.
10. ___ Jesús completó lo que el Padre le envió a hacer en la resurrección.
11. ___ Los santos están esperando que tú y yo permitamos que Dios haga lo que necesita hacer con nosotros.
12. ___ Nunca podríamos tener la misma mente que tenía Jesús.
13. ___ Cada rodilla se va a doblar y cada lengua va a confesar que Jesucristo es el Señor.
14. ___ Cuando estemos ante Él en el día del juicio, será en la honesta humildad de Jesucristo.
15. ___ Al Padre, Jesús va a presentar una multitud de personas que se han vuelto como él.
16. ___ Se convirtió en el Hijo del Hombre sin reputación, para que nosotros nos convirtiéramos en hijos de Dios.
17. ___ Podemos jugar con la gente, pero no con Dios.
18. ___ Cada rayo de esperanza, todo lo que tenemos, el Señor nos lo ha dado.
19. ___ Todo lo que nos pide es que tomemos esta vida y la consagremos totalmente a Él.
20. ___ Este mensaje debería conmover nuestros corazones, y hacer que nos movamos para convertirnos en personas "sin reputación" como Jesús.

CAPÍTULO 7
PASTORES Y OVEJAS

Vayamos directamente a la Biblia para ver qué podemos aprender sobre cómo Dios espera que los Pastores y Líderes se comporten con su rebaño. Leamos Ezequiel 34.

Ezequiel 34: Vino a mí palabra de Jehová, diciendo: 2 Hijo de hombre, profetiza contra los pastores de Israel; profetiza, y di a los pastores: Así ha dicho Jehová el Señor: !!Ay de los pastores de Israel, que se apacientan a sí mismos! ¿No apacientan los pastores a los rebaños? 3 Coméis la grosura, y os vestís de la lana; la engordada degolláis, mas no apacentáis a las ovejas. 4 No fortalecisteis las débiles, ni curasteis la enferma; no vendasteis la perniquebrada, no volvisteis al redil la descarriada, ni buscasteis la perdida, sino que os habéis enseñoreado de ellas con dureza y con violencia.

Cuando las personas a nuestro cargo caen en falsas creencias, se alejan, se ofenden o simplemente dejan de asistir a nuestros servicios, podemos fácilmente culparlos o disgustarnos por su comportamiento. Esto no es lo que Dios desea en un Buen Pastor.

Lee el versículo 5 y describe lo que hace un buen pastor cuando una oveja a su cargo se "pierde".

5 Y andan errantes por falta de pastor, y son presa de todas las fieras del campo, y se han dispersado. 6 Anduvieron perdidas mis ovejas por todos los montes, y en todo collado alto; y en toda la faz de la tierra fueron esparcidas mis ovejas, y no hubo quien las buscase, ni quien preguntase por ellas.

¿Qué dice Dios en los siguientes versículos que va a hacer con los pastores irresponsables y egoístas?

_____

_____

7 Por tanto, pastores, oíd palabra de Jehová: 8 Vivo yo, ha dicho Jehová el Señor, que por cuanto mi rebaño fue para ser robado, y mis ovejas fueron para ser presa de todas las fieras del campo, sin pastor; ni mis pastores buscaron mis ovejas, sino que los pastores se apacentaron a sí mismos, y no apacentaron mis ovejas; 9 por tanto, oh pastores, oíd palabra de Jehová. 10 Así ha dicho Jehová el Señor: He aquí, yo estoy contra los pastores; y demandaré mis ovejas de su mano, y les haré dejar de apacentar las ovejas; ni los pastores se apacentarán más a sí mismos, pues yo libraré mis ovejas de sus bocas, y no les serán más por comida.

Fíjate también que hay un sutil cambio en la redacción. En lugar de que Dios hable de "las ovejas" comienza a decir "MIS ovejas".

11 Porque así ha dicho Jehová el Señor: He aquí yo, yo mismo iré a buscar mis ovejas, y las reconoceré. 12 Como reconoce su rebaño el pastor el día que está en medio de sus ovejas esparcidas, así reconoceré mis ovejas, y las libraré de todos los lugares en que fueron esparcidas el día del nublado y de la oscuridad.

Esto es lo que Dios, que es el Buen Pastor, promete que hará por sus ovejas.

13 Y yo las sacaré de los pueblos, y las juntaré de las tierras; las traeré a su propia tierra, y las apacentaré en los montes de Israel, por las riberas, y en todos los lugares habitados del país. 14 En buenos pastos las apacentaré, y en los altos montes de Israel estará su aprisco; allí dormirán en buen redil, y en pastos suculentos serán apacentadas sobre los montes de Israel. 15 Yo apacentaré mis ovejas, y yo les daré aprisco, dice Jehová el Señor.

16 Yo buscaré la perdida, y haré volver al redil la descarriada; vendaré la perniquebrada, y fortaleceré la débil; mas a la engordada y a la fuerte destruiré; las apacentaré con justicia.;

En los siguientes versículos hay más de la promesa que apuntaba parcialmente al Rey David, pero en última instancia a Jesús, que salió del linaje de David.

23 Y levantaré sobre ellas a un pastor, y él las apacentará; a mi siervo David, él las apacentará, y él les será por pastor. 24 Yo Jehová les seré por Dios, y mi siervo David príncipe en medio de ellos. Yo Jehová he hablado.

En Juan 10, Jesús dijo de sí mismo, "**Yo soy el Buen**

Pastor; el buen pastor su vida da por las ovejas". Probablemente se refería a Ezequiel 34, ya que hay muchas cosas que suenan similares. Cuando Jesús dijo esto, los líderes religiosos que estaban escuchando se enojaron tanto, que tomaron piedras para matarlo. Quizás conocían el pasaje de Ezequiel y entendieron que Jesús se refería a ellos como los pastores despreocupados. Dios se estaba preparando para cumplir esta promesa a través de su Hijo.

7 Por tanto, pastores, oíd palabra de Jehová: 8 Vivo yo, ha dicho Jehová el Señor, que por cuanto mi rebaño fue para ser robado, y mis ovejas fueron para ser presa de todas las fieras del campo, sin pastor; ni mis pastores buscaron mis ovejas, sino que los pastores se apacentaron a sí mismos, y no apacentaron mis ovejas; 9 por tanto, oh pastores, oíd palabra de Jehová. 10 Así ha dicho Jehová el Señor: He aquí, yo estoy contra los pastores; y demandaré mis ovejas de su mano, y les haré dejar de apacentar las ovejas; ni los pastores se apacentarán más a sí mismos, pues yo libraré mis ovejas de sus bocas, y no les serán más por comida. 11 Porque así ha dicho Jehová el Señor: He aquí yo, yo mismo iré a buscar mis ovejas, y las reconoceré. 12 Como reconoce su rebaño el pastor el día que está en medio de sus ovejas esparcidas, así reconoceré mis ovejas, y las libraré de todos los lugares en que fueron esparcidas el día del nublado y de la oscuridad. 13 Y yo las sacaré de los pueblos, y las juntaré de las tierras; las traeré a su propia tierra, y las apacentaré en los montes de Israel, por las riberas, y en todos los lugares habitados del país. 14 En buenos pastos las apacentaré, y en los altos montes de Israel estará su aprisco; allí dormirán en buen redil, y en pastos suculentos serán apacentadas sobre los montes de Israel".

Jesús deja claro que **no sólo habla de los hijos de Israel** cuando dice: "Mis ovejas". Él vino a dar su vida para que la gente de todo el mundo pueda venir al "rebaño de las ovejas".

Juan 10:16 También tengo otras ovejas que no son de este redil; aquéllas también debo traer, y oirán mi voz; y habrá un rebaño, y un pastor. 17 Por eso me ama el Padre, porque yo pongo mi vida, para volverla a tomar. 18 Nadie me la quita, sino que yo de mí mismo la pongo. Tengo poder para ponerla, y tengo poder para volverla a tomar. Este mandamiento recibí de mi Padre".

Jesús llamó a cada uno de sus discípulos con el mismo llamado, "Síganme". Luego añadió, "**Y los haré pescadores de hombres**". Después de la muerte de Jesús, cuando todos los discípulos habían huido y Pedro lo había negado 3 veces, Jesús encontró a Pedro. Estaban pescando, no hombres, sino peces - y no pescaron nada. Jesús se les apareció y desafió a Pedro.

Lee Juan 21:15-17. Describe lo que Jesús desafió y llamó a Pedro a hacer:

_____

_____

¿Significaría esto que Pedro fue llamado a ser un Pastor? ¿Estaba Jesús llamando a una nueva orden de Pastores?

Piensa en estas preguntas mientras lees 1 Pedro 5:1-4. Recuerda que el mismo Pedro está escribiendo esta carta.

1 Pedro 5:1 Ruego a los ancianos que están entre vosotros, yo anciano también con ellos, y testigo de los padecimientos de Cristo, que soy también participante de la gloria que será revelada: 2 Apacentad la grey de Dios que está entre vosotros, cuidando de ella, no por fuerza, sino voluntariamente; no por ganancia deshonesta, sino con ánimo pronto; 3 no como teniendo señorío sobre los que están a vuestro cuidado, sino siendo ejemplos de la grey. 4 Y cuando aparezca el Príncipe de los pastores, vosotros recibiréis la corona incorruptible de gloria.

Pedro está llamando a los ancianos entre ellos, "yo anciano también con ellos". No se elevó por encima de ellos, sino que elevó a Cristo como el Pastor Principal y a todos ellos, incluyéndose a sí mismo. Este "Nuevo Orden" de Pastores está bajo la dirección de Cristo. Es **Su rebaño** el que cuidamos. Jesús estaba cuidando de su pueblo de las manos de pastores irresponsables - los fariseos y la ley, y poniéndolos bajo el cuidado de hombres capacitados y guiados por el Espíritu Santo.

Leamos Hechos, capítulo 20:28

Hechos 20:28 Por tanto, mirad por vosotros, y por todo el rebaño en que el Espíritu Santo os ha puesto por obispos, para apacentar la iglesia del Señor, la cual él ganó por su propia sangre.

Pablo llamó a los ancianos (*PRESBUETROS*) de la iglesia y **los desafió a ser supervisores** (*EPISKOPOS*). Lee Hechos 20:28 y Hechos 20:17.

- Deben "estar en guardia" para el rebaño
- El **Espíritu Santo fue el que los hizo supervisores,** no Pablo. Las cartas de Pablo nos hacen saber que Timoteo, Tito y Pablo eligieron líderes en cada iglesia que establecieron y los pusieron como líderes

- Su labor era pastorear la iglesia que pertenece a Jesús que pagó por ella con Su propia sangre.
- Versículo 31 "velad, acordándoos que por tres años, de noche y de día,"
- Versículo 35 Pablo les recordó que Jesús les había enseñado, "Más bienaventurado es dar que recibir". Pablo cita su propia vida como un ejemplo de cómo proveyó sus propias necesidades con el trabajo de sus propias manos. No les quitó nada.

Nuestro liderazgo, para ser como Cristo, no puede ser como los pastores de Ezequiel 34, "que con dureza y con violencia los enseñorearon". Debe ser con amor. Jesús le preguntó a Pedro, "¿me amas?" Se lo preguntó tres veces, la misma cantidad que Pedro lo había negado. Jesús dijo que un buen pastor "da su vida por las ovejas". Esta clase de amor sólo viene del Espíritu Santo a través de nosotros. Él puede darnos el poder de amar a sus ovejas con su amor y cuidarlas, vigilarlas, alimentarlas, pastorearlas, protegerlas y guiarlas.

El Salmo 23 del Pastor David expresa su corazón hacia el Señor, su Buen Pastor. A través de todas las crisis y victorias de su vida, el Señor ha sido un muy buen pastor para él. Reconocer el amor de Dios por él en cada situación también hizo de David un buen pastor para su pueblo cuando se convirtió en el líder de la nación. Si permitimos que Dios nos ame y nos pastoree, también aprenderemos a ser pastores amorosos.

Leamos el Salmo 23:

23 Jehová es mi pastor; nada me faltará. 2 En lugares de delicados pastos me hará descansar; Junto a aguas de reposo me pastoreará. 3 Confortará mi alma; Me guiará por sendas de justicia por amor de su nombre. 4 Aunque ande en valle de sombra de muerte, No temeré mal alguno, porque tú estarás conmigo. Tu vara y tu cayado me infundirán aliento. 5 Aderezas mesa delante de mí en presencia de mis angustiadores; Unges mi cabeza con aceite; mi copa está rebosando.

David escribió este "Salmo del Pastor" para mostrarnos cómo es realmente un **Buen Pastor**. Ora ahora para que Dios te llene con su Espíritu y te haga un buen Pastor de su rebaño, porque un día todos estaremos ante Él por las cosas que hemos dicho y hecho y por cómo hemos cuidado al más pequeño de nuestros hermanos.

REVISIÓN: PASTORES Y OVEJAS

Preguntas para debatir

En tus propias palabras, explica las siguientes frases en 1 Pedro 5 que nos ayudan a entender lo que es un buen pastor:

1. no por fuerza, sino voluntariamente
2. bajo la poderosa mano de Dios
3. no por ganancia deshonesta
4. con ánimo pronto
5. no como teniendo señorío sobre los que están a vuestro cuidado
6. siendo ejemplos de la grey
7. vosotros recibiréis "la corona incorruptible de gloria"

Preguntas de revisión

1. En Ezequiel 34, Dios habla a través del profeta sobre los

pastores que no servían muy bien a las ovejas de Dios. **Elije 6 formas** en las que encuentras en este capítulo que no lo estaban haciendo bien.
a. Se alimentaban a sí mismos en lugar de las ovejas
b. Engordaban gracias a las ovejas
c. Se vestían con la lana de las ovejas
d. Reunían a las ovejas
e. No cuidaban de las ovejas enfermas
f. Protegían a las ovejas
g. No llamaban de vuelta a las ovejas dispersas
h. Entrenaban pacientemente a su rebaño
i. Buscaban la voluntad de Dios para las ovejas
j. Lideraban con sus ejemplos
k. Las dominaban con fuerza y severidad
l. Ministraban la curación a los afligidos

2. En Juan 10:16, Jesús explica que las ovejas son sólo los hijos de Israel
a. V
b. F

3. Cuando Jesús se encontró con Pedro en la orilla después de haberlo negado, le hizo una pregunta 3 veces
a. Pedro, ¿me amas?
b. ¿Pescarás hombres?
c. ¿Guiarás a mi iglesia?
d. ¿Venderás todo lo que tienes y me seguirás?

4. ¿Qué le dijo Jesús a Pedro que hiciera 3 veces después de cada pregunta?
a. Reunir a los discípulos diariamente

b. Pescar durante el día
c. Alimentar a sus ovejas

5. Con Pedro se estaba estableciendo una nueva orden de pastoreo que era como Cristo y que amaría a las ovejas con su amor.
a. Verdadero
b. Falso

6. Mirando en 1 Pedro 5:1-4. **Elije 6** maneras en que Pedro exhortó a los líderes a dirigir sus "rebaños"
a. No bajo coacción sino voluntariamente
b. Dominándolas con fuerza
c. Engordando a las ovejas
d. De acuerdo con la voluntad de Dios
e. No por una ganancia sórdida
f. Dispersando sus ovejas
g. Haciendo que hicieran lo que ni siquiera ellos harían
h. Con ansia
i. Sin enseñoreo
j. Siendo ejemplos para el rebaño
k. Tratándolas con severidad
l. Recibiendo la inmarcesible corona de la gloria

7. ¿Qué promesa encontramos en 1 Pedro 5:4 para los fieles pastores que siguen estas exhortaciones?
a. Tendrán las iglesias más grandes de sus ciudades
b. Habrá un crecimiento exponencial de la iglesia
c. Recibirán la corona de la gloria cuando aparezca
d. Sus finanzas crecerán milagrosamente

CAPÍTULO 8
LA FE QUE OBRA POR EL AMOR

Oración de apertura

PADRE, te alabamos. Te agradecemos por Tu sagrada presencia. Te agradecemos que nos honres con Tu presencia. Te agradecemos que nos honres, Señor, por ser Tus siervos y obedecerte. Hoy, Jesús, habla a nuestros corazones. Haz clara la Palabra ante nosotros para que la escribamos en nuestro corazón, para que no pequemos contra ti. Por la Palabra Viva, gracias Jesús. Bendice a este pueblo, Jesús, con tus más ricas bendiciones. Oh, Dios, Tú conoces todas las necesidades y Tú eres el único que puede satisfacerlas. Te damos las gracias, Señor Jesús. Padre, te agradecemos por la Palabra de Dios. Te agradecemos ahora por lo que estás haciendo en cada una de nuestras vidas, preparándonos para ser enviados por ti a donde Tú quieras que vayamos. Te damos las gracias, Jesús. Señor, deja que esta Palabra sea lo que Tú quieres que sea para cada uno de nosotros; magnificamos Tu nombre y te damos gloria en el nombre de Jesús. Amén.

I. Pues nosotros por el Espíritu aguardamos por fe la esperanza de la justicia

Pasemos al capítulo 5 de Gálatas. Creo que este capítulo es muy importante para cada una de nuestras vidas. El Señor me habló de él en la madrugada.

1. Estad, pues, firmes en la libertad con que Cristo nos hizo libres, y no estéis otra vez sujetos al yugo de esclavitud.

2 He aquí, yo Pablo os digo que si os circuncidáis, de nada os aprovechará Cristo.

3 Y otra vez testifico a todo hombre que se circuncida, que está obligado a guardar toda la ley.

4 De Cristo os desligasteis, los que por la ley os justificáis; de la gracia habéis caído.

5 Pues nosotros por el Espíritu aguardamos por fe la esperanza de la justicia;

6 porque en Cristo Jesús ni la circuncisión vale algo, ni la incircuncisión, sino la fe que obra por el amor.

7 Vosotros corríais bien; ¿quién os estorbó para no obedecer a la verdad?

8 Esta persuasión no procede de aquel que os llama.

9 Un poco de levadura leuda toda la masa.

10 Yo confío respecto de vosotros en el Señor, que no pensaréis de otro modo; mas el que os perturba llevará la sentencia, quienquiera que sea.

11 Y yo, hermanos, si aún predico la circuncisión, ¿por qué padezco persecución todavía? En tal caso se ha quitado el tropiezo de la cruz.

12 !!Ojalá se mutilasen los que os perturban!

13 Porque vosotros, hermanos, a libertad fuisteis llamados; solamente que no uséis la libertad como ocasión para la carne, sino servíos por amor los unos a los otros.

14 Porque toda la ley en esta sola palabra se cumple: Amarás a tu prójimo como a ti mismo.

15 Pero si os mordéis y os coméis unos a otros, mirad que también no os consumáis unos a otros.

16 Digo, pues: Andad en el Espíritu, y no satisfagáis los deseos de la carne.

17 Porque el deseo de la carne es contra el Espíritu, y el del Espíritu es contra la carne; y éstos se oponen entre sí, para que no hagáis lo que quisiereis.

18 Pero si sois guiados por el Espíritu, no estáis bajo la ley.

19 Y manifiestas son las obras de la carne, que son: adulterio, fornicación, inmundicia, lascivia,

20 idolatría, hechicerías, enemistades, pleitos, celos, iras, contiendas, disensiones, herejías,

21 envidias, homicidios, borracheras, orgías, y cosas semejantes a estas; acerca de las cuales os amonesto, como ya os lo he dicho antes, que los que practican tales cosas no heredarán el reino de Dios.

22 Mas el fruto del Espíritu es amor, gozo, paz, paciencia, benignidad, bondad, fe,

23 mansedumbre, templanza; contra tales cosas no hay ley.

24 Pero los que son de Cristo han crucificado la carne con sus pasiones y deseos.

25 Si vivimos por el Espíritu, andemos también por el Espíritu.

26 No nos hagamos vanagloriosos, irritándonos unos a otros, envidiándonos unos a otros.

¿No es una palabra poderosa?
"Pues nosotros por el Espíritu aguardamos por fe la esperanza de la justicia". (Gal. 5:5)
Somos hechos justos en Cristo con su justicia. Hay una pequeña palabra aquí. ¿La has entendido? **Amor.**

A veces, la forma en que actuamos con los demás no demuestra que nos amamos unos a otros. Alabo al Señor por el amor de Dios. Dios está cambiando nuestras vidas porque tenemos Su amor, pero también tenemos muchas cosas en nuestras vidas que luchan contra Su amor. ¿No es esto cierto? Entonces, ¿qué tiene que pasar aquí? Algo tiene que cambiar. Su amor no va a cambiar, así que nosotros tenemos que cambiar. Tenemos que permitirle que nos cambie. Ahora, sé que como seres humanos somos muy sensibles. Si estamos en la carne, somos aún más sensibles; estamos buscando problemas y los encontramos. Los encuentras incluso entre aquellos que te aman porque nosotros mismos no hemos dejado que Dios nos cambie por completo.

Lo que Pablo está diciendo es muy claro. En primer lugar, sólo hay una forma en que nuestro amor va a operar y Su fe opera en nosotros. Está hablando de que "sin obras", nuestra fe no nos sirve. Ahora, hay muchas "obras" en el mundo hoy en día y son por "fe" pero no realmente por fe. Lo llaman fe, pero organizan todo y no hay lugar para que Dios organice nada. Llaman a sus obras "por fe". Pero Dios tiene un camino por su Espíritu que quiere guiarnos, no bajo la ley, sino por la gracia.

Ahora creo que la gracia es tolerante, ¿no es así? No es como la ley. A veces somos rígidos como la ley y no somos flexibles. Adoptamos posturas inflexibles, pero la gracia llega y dice, "Tengamos un poco de piedad en esto". Entonces aprendemos que no todos están en el mismo nivel espiritual que nosotros.

Dios es bueno. No nos mide por nosotros mismos o por los demás. Nos mide por Su luz. Estamos caminando en Su luz, no en nuestras luces; no estás caminando en mi luz, yo no estoy caminando en tu luz, estoy caminando en la luz del Señor. Él te la da y luego tú tienes que caminar en ella. Hay ciertas cosas que necesitamos hacer mientras caminamos con Jesús. Él dijo que, si vivimos en el espíritu, entonces debemos caminar en el Espíritu y a veces nuestra carne se interpone en el camino. Nos confundimos. El Señor es muy claro aquí, lo que es del Espíritu y lo que no es del Espíritu. Si nos metemos en este pequeño territorio que no es de Su Espíritu, tenemos que reconocerlo inmediatamente y hacer algo al respecto.

Él dijo que, si somos guiados por el Espíritu, estamos bajo la gracia, no estamos bajo la ley. Tenemos que recordar que no estamos bajo la ley. Tal vez nuestro hermano y nuestra hermana no ven las cosas exactamente como las vemos nosotros, pero recuerden, no están caminando en tu luz, están caminando en su luz que Él les ha dado. Ahora, recuerda que cuando venimos a Jesús, Él cambia nuestra vida. Nos lleva a su reino. En Él está la vida y cuando le permitimos entrar en nuestra vida, y somos perdonados por nuestros pecados, entonces algo sucede dentro de nosotros.

Estamos en un nuevo reino. No estamos bajo la ley, estamos bajo la gracia y la gracia abunda para nosotros.

Tenemos que tener cuidado de no tratar de llevar a alguien más por el camino que queremos que vaya; en vez de eso, debemos dirigirlo a Cristo. Porque que Cristo en nosotros es la esperanza de gloria. No como alguien piensa en ello, ni como nosotros lo pensamos; es Jesús en nosotros.

Él es el que trae Su Espíritu y nos hace caminar en Su Espíritu. Cuando caminamos en Su Espíritu, la palabra dice que no cumplimos con las cosas de la carne. Tenemos que darnos cuenta de que Él está diciendo dos cosas. Está diciendo que las obras de la carne son una cosa pero que el fruto del Espíritu es el amor. **Dios nos está diciendo "aléjate, tan lejos como puedas de las obras de la carne**; ve directo a la cruz y ve a Jesús". En tu corazón debes tener la determinación de que te vas a separar de esa carne. No vas a permitir que la carne gobierne, pero vas a ir ante la cruz, vas a dársela a Jesús y estás decidido a ser libre. Él dijo, "no uses esa libertad para una ocasión de la carne" y a veces lo hacemos, pero Dios nos hablará de ello.

II. La ley del Espíritu de Vida en Cristo Jesús

Él dijo que, si somos guiados por el Espíritu, estamos bajo una nueva ley. Esa ley que tenemos por el Espíritu de Dios bajo la gracia es la ley del Espíritu de Vida en Cristo Jesús. Nos ha hecho libres de la ley del pecado y de la muerte. Muchos cristianos aún viven bajo la ley del pecado y la muerte. No se dan cuenta de que hay una nueva ley que está operando dentro de ellos y necesitan permitir que Jesús se ocupe de las cosas que deben hacerse. Tenemos una nueva ley en nosotros y esa ley es la ley del Espíritu de Vida en

Cristo Jesús. Ahora, con esta ley hay un fruto que viene de esta nueva relación que tenemos con Jesús. El fruto de la ley de la vida es el amor de Dios, la alegría de Dios, Su paz, Su paciencia, Su bondad, Su fe, Su mansedumbre, Su templanza, contra las cuales no hay ley.

Recuerda que no hay ninguna ley que lo prohíba. Hay leyes contra las obras de la carne. Si salimos a hacer las obras de la carne, podemos terminar en la cárcel, pero no con la ley del Espíritu de Vida. Somos libres de la ley del pecado y la muerte. No estamos bajo esa ley. No estamos ahí afuera pecando como el mundo, pero tenemos que recordar que hay un camino que tenemos que recorrer. Tenemos que caminar en el espíritu.

Hay cosas que el Señor tiene que hacer. Debe venir mucha liberación a nosotros, ¿no es así? Tenemos que ser liberados de la vieja ley del pecado y la muerte. Cuando nos bautizan con agua, la Biblia dice que el viejo hombre está enterrado. ¿No es eso emocionante?

Me crie como Nazarena y debí luchar contra el viejo hombre todos los días de mi vida. Pero un día el Señor me mostró que este hombre no era real. Fue muy poderoso cómo me lo mostró. Estaba ministrando sobre el bautismo en agua y de repente, el Señor me llevó a un reino del que yo no sabía nada. La reunión duró dos horas enteras. Me llevó a la tumba de agua con Él y me mostró lo que significaba ser bautizado en agua en Su muerte.

Llevamos al viejo hombre allí; lo enterramos y ya no es parte de nosotros. Entonces nos damos cuenta de que salimos como una nueva criatura, una nueva creación con una nueva vida en nosotros y las cosas viejas pasan. La ley se cumple, pero la gracia viene con nosotros. Cuando el

Señor me dio esta experiencia, me llevó abajo; le quitó las llaves a Satanás y me las entregó. Fue un momento increíble. La gloria y la presencia del Señor llenó la sala de estar cuando empezó a revelar su palabra tal como es para nosotros hoy en día.

No tenemos que luchar con el viejo hombre pecador, tenemos que deshacernos de él mediante el bautismo en agua. Dáselo a Jesús y Él lo enterrará allí. Ya ves, no podemos obtener el perdón por ello porque no lo cometimos. Podemos tomar al viejo hombre pecador y enterrarlo. La responsabilidad es entonces nuestra, no podemos culpar al viejo hombre pecador.

Después del bautismo en agua, si hay cosas en nuestra vida, debemos recordar que somos responsables de sacarlas y deshacernos de ellas. El viejo hombre, esa naturaleza pecaminosa está muerta y enterrada así que no podemos culparlo más. Los cristianos culpan a la vieja naturaleza pecaminosa si hacen algo malo, pero no funciona porque la palabra dice que la naturaleza pecaminosa está muerta y enterrada a través del bautismo en agua y ahora eres responsable y tendrás que presentarte ante Dios.

III. Si caminamos en el Espíritu, estamos caminando en Su Amor

Dios dijo que tiene un nuevo camino para ti, un camino en el Espíritu. Si vives en el Espíritu, entonces caminas en el Espíritu. ¿Qué le pasa a mucha gente? No se dan cuenta de lo que Jesús ha hecho por ellos. Van por ahí cargando con todo esto y piensan que tienen que hacerlo porque el viejo hombre está ahí y no hay nada que podamos hacer al respecto. Pero esto no es cierto, él no está ahí. Así que somos responsables de deshacernos de él nosotros mismos. Si tenemos algunas resacas de nuestra antigua vida, entonces mejor las cortamos y decimos "Señor, no las quiero... quiero caminar en el Espíritu, quiero vivir en el Espíritu, quiero que el Espíritu del Señor tenga su camino en mí".

Si caminamos en el Espíritu, entonces estamos caminando en Su amor, porque el fruto de Su Espíritu es el amor. ¿Sabes cuándo vienes a Jesús lo lleno de amor que te sientes? Así de poderoso es ese amor cuando le entregas tu vida a Él y luego te llega Su alegría y Su paz. Tienes una nueva vida. Eres una nueva criatura en Cristo Jesús.

Entonces, veamos cuán rápido podemos deshacernos de las obras de la carne. La gente comete errores y tal vez no te hablen como deberían, pero tienen que responder ante Dios por ello, no ante ti. ¿Qué hay de la forma en que lo tomas? Tendrás que responder ante Dios por ello. Debemos tener cuidado de no ser afectados por la gente. Todos somos seres humanos y estamos aprendiendo a caminar en el Espíritu. No queremos contaminarnos con las obras del hombre, queremos ser libres en el amor de Dios; debes saber que Jesús proveyó ese amor para ti por Su Espíritu para que Su amor puro pueda fluir y puedas ser libre. **El amor de Dios es la respuesta.**

A veces nos ocupamos, olvidamos que lo natural y lo espiritual tienen que fluir juntos o tenemos una colisión, ¿no es así? ¿Qué pasa hoy en día en el mundo del cristianismo? Nos volvimos tan espirituales que olvidamos lo natural. Dios dijo que tenemos que llevar lo espiritual a lo natural para que lo natural se convierta en espiritual y lo espiritual en natural. Sólo entonces podemos fluir juntos sin chocar unos con otros. Fluimos juntos porque estamos en el Espíritu de Dios. El entrenamiento más importante es enseñarnos a fluir por el Espíritu de Dios.

El Señor me dijo esto, "si les dices que recen por esta comida y por la gente que la recibe, entonces Dios va a trabajar con ellos". Ellos lo sabrán. No querrán tomar una siesta en medio porque la fuerza y la alegría de Dios estará con ustedes. Mientras rezas por ellos, el amor de Dios va hacia ellos.

¿Sabías que, si una persona no tiene a nadie que rece por ella, Dios no puede salvarla? ¿Sabes por qué? Porque hay que pedirle a Dios que la salve. Tiene que haber alguien que se preocupe lo suficiente como para rezar por ella, porque Dios no saldrá y obligará a nadie a venir a Él. Alguien tiene que preocuparse lo suficiente como para ser el intercesor que atraiga a esa persona a Dios.

IV. Dios nos está llamando a ser entrenados por Su Espíritu

Estamos viviendo en una época increíble. Estamos viviendo en un tiempo en el que la reunión de las naciones se presentará ante Dios. Tenemos que ser fieles en llevar este evangelio del reino de Jesucristo a las naciones del mundo. Hay un mundo allá afuera en el Denominacionalismo, la religión Musulmana, el Hinduismo, el Budismo, el Ateísmo y no conocen a Jesús. Este es el día en que el Señor está derramando Su Espíritu. Este es el día en que nos está entrenando para fluir por Su Espíritu, llenándonos con Su amor, porque ese amor es lo que va a cambiar la vida de las personas.

Dios nos está llamando a ser entrenados por Su Espíritu, para que cuando salgamos allá afuera, el amor de Dios los atraiga. **La paz de Dios, Su alegría y Su justicia está ahí para atraerlos a Él. El mundo está buscando el amor de Dios.** Hoy siento mucho ese amor. El Señor dice que vivamos en el Espíritu y caminemos en el espíritu. Muestra Su amor, Su Paz, Su Alegría, Su Paciencia, Su Dulzura, Su Bondad, Su Fe, Su Mansedumbre y Su Templanza. Esto me gusta mucho; no pueden arrestarte por eso. No hay ninguna ley que lo prohíba. No pueden quitártelo... así que camina en Él.

Es muy poderoso lo que Dios está haciendo. Todos debemos ser entrenados por el Espíritu del Señor. Cuanto antes dejemos que Dios nos entrene en las pequeñas cosas, antes nos dará trabajos más grandes que hacer. Sé que pensamos que estamos listos para salir, pero aún no es así. Creemos que lo estamos. Tal vez tengamos que pelar unas cuantas patatas más, o fregar unos cuantos pisos más o lavar unos cuantos platos más. Lo que sea en que Dios te esté entrenando para prepararte, lo más importante es deshacerse de lo viejo y permitir que el amor de Dios entre en nosotros. No vamos a tener envidia y celos el uno del otro, ni vamos a mordernos y devorarnos el uno al otro, pero tenemos que caminar en Su amor.

Parece que, de vez en cuando, necesitamos recordar que Jesús nos ama. Pero este amor que nos da no es para nosotros. ¿Para qué es? Si lo guardamos, no nos sirve de nada. ¿Qué tenemos que hacer? Regalarlo. ¿Cómo lo regalamos? ¿Yendo a la iglesia el domingo? No. Sólo hay una manera: a través de la bondad fraternal. Si tienes un hermano necesitado, este ministerio es un gran ejemplo del amor de Dios. Ahora bien, nosotros no lo hicimos, Dios lo hizo.

Hoy en día, grandes y poderosas cosas están sucediendo y tenemos una parte en ello. Tú tienes una parte en ello. Dios no te llamó aquí sólo para estar aquí. Te llamó a hacer lo que Él necesita hacer, te llamó para llenarte de su amor y compasión, para cambiar nuestras vidas para que podamos alcanzar las necesidades de los demás.

V. Estamos bajo una nueva Ley, la Ley de Su Amor

Estamos bajo una nueva ley, la ley de Su amor, una nueva vida en Cristo Jesús. Debemos aferrarnos a ella. A veces estamos tan envueltos en nosotros mismos que no lo consideramos. Dios quiere que miremos más allá de nosotros mismos. Sabes que el diablo me dijo una vez, "¿Cómo vas a ministrar a la gente, ¡mira tu vida!?". Le dije, "Soy muy consciente de ello, Satanás". Me levanté en medio del suelo y le pisoteé y le dije: "Satanás, voy a obedecer al Señor, voy a ministrar a la gente y Dios va a cuidar de mí". Nunca me volvió a molestar con eso porque una cosa estaba segura: yo hablaba en serio y no me iba a detener. Sabía que no iba a escucharle. Tomé una postura y cada palabra que dije fue muy en serio.

Ahora podemos estar decididos a permitir que Dios nos entrene para fluir mediante su Espíritu y su amor y para traer ese amor al mundo. No es cómo lo manejamos, sino cómo se lo permitimos, Él lo hará. Amén. Podemos usar nuestra psicología o filosofía, pero no va a funcionar. La única manera de que eso funcione... es Su amor. **El amor de Dios va a hacerlo.** Dios tiene que perfeccionarnos en ese amor, porque cuando venimos a Él con todo nuestro corazón y le entregamos toda nuestra vida, entonces algo nos sucede. Venimos bajo una nueva ley. Un día estaba enseñando y de repente ese segundo versículo saltó sobre mí y nunca antes lo había visto así.

1. Ahora, pues, ninguna condenación hay para los que están en Cristo Jesús, los que no andan conforme a la carne, sino conforme al Espíritu.
2. Porque la ley del Espíritu de vida en Cristo Jesús me ha librado de la ley del pecado y de la muerte. (Romanos 8:1-2)

Nos ha librado. Saltó hacia mí, después de años y años de leer esta palabra y se apoderó de mí. Dije, "Gracias Jesús. No estamos bajo la ley del pecado y la muerte, estamos bajo la nueva ley del Espíritu de Vida en Cristo Jesús", su amor en nosotros; mientras caminamos en el Espíritu, cumplimos las cosas del espíritu.

VI. Sólo a través de la Bondad Fraternal puede el mundo conocer Su amor

Dios nos ha dado tanto y quiere prepararnos para que caminemos en la verdad, vivamos en la verdad, obedezcamos la verdad y la verdad nos haga libres. **¿Cuánto queremos de Él?** ¿Cuánto queremos caminar por Su Espíritu?

Te sugiero que leas esto hoy si tienes un minuto. Deja que penetre a través de ti. Luego, toma la determinación de que no vas a caminar en la carne, sino que en el Espíritu, para que el Señor pueda usarte para ministrar Su amor al mundo allá afuera. Es real, poderoso y maravilloso. Tenemos que darlo todo a Él. Si se lo damos todo a Él, Él nos lo da todo a nosotros. Depende de nosotros. Alabado sea Dios por su amor, por la maravillosa provisión de ese amor que tenemos que dar, tenemos que compartirlo. Es maravillosa la provisión que Dios ha hecho para nosotros.

Hay una escritura en 2 Pedro que nos dice cómo Él procesa nuestra vida para traer Su amor a nuestra vida. El proceso nos lleva a la piedad, y después la piedad nos lleva a la bondad fraternal, y después la bondad fraternal nos lleva a Su amor. La transformación de nuestra vida. Dije: "Señor, ¿por qué se habla de bondad fraternal?".

Él dijo, "Sólo a través de la bondad fraternal puede el mundo conocer su amor."

Isaías 58 es la demostración del reino de Dios y Su amor. Cuando Él nos da la revelación, cambia nuestra vida. A través de esta demostración del amor de Dios, los hombres y mujeres llegan a Dios. No es lo que hacemos; es lo que Él hace a través del cambio de nuestras vidas. ¿Estamos dispuestos a dejar que Él lo haga o vamos a dejar que nuestra carne se levante y obstaculice? Si dejamos que nuestra carne muera y realmente le permitimos a Él cambiar nuestra vida, entonces vamos a ver que suceden algunas cosas maravillosas; algunas cosas que nunca hemos visto en toda nuestra vida. Dios está revelando cosas poderosas en esta hora para cambiar la vida de las multitudes. Son cosas simples. No son las cosas brillantes en las que pensaríamos. **Son cosas que nunca pensaríamos que Dios está usando para cambiar vidas.** Las cosas sencillas, las palabras simples que Él diría que no se nos ocurrirían, Dios está levantando un pueblo que liberará a otros.

VII. Él se regocijará por ti cantando

¡Qué Dios tan poderoso es al que servimos! Jehová está en medio de ti, poderoso, él salvará; se gozará sobre ti con alegría, callará de amor, se regocijará sobre ti con cánticos. (Sofonías 3:17)

¿Te gustaría que el Señor te cantara? Me quedé asombrada cuando leí esa escritura y dije: "Dios, ¿me cantarás?". Estamos hablando de cantarle a Él, pero Él quiere cantarnos a nosotros.

Estaba pasando por una experiencia, de hecho, estaba muriendo en un hospital cuando el Señor me dio esa escritura. Cuando los médicos me abandonaron, el Señor me dio esa escritura. Es increíble saber que Dios te está cantando. Él te ama tanto porque lo amas, porque le obedeces; quiere cantarte y hacerte saber cuánto te ama. Los médicos me abandonaron y el diablo vino a arrebatarme la vida. Cada vez que vino a arrebatarme la vida, el Señor me dio esa escritura. Jehová está en medio de ti, poderoso. Me dio el versículo completo, no sólo la primera parte, sino todo. Reconocí que Él tenía el poder sobre el diablo y que no era mi hora de irme, Él trajo la vida de nuevo a mi cuerpo. Dios quiere que nos acerquemos a Él para que pueda demostrarnos su amor. No somos dignos, pero no vamos a seguir dependiendo de nuestra valía, vamos a seguir con Su amor. Es nuestro privilegio permitir que el Señor nos llene con su amor.

Oración final

Padre, te damos las gracias. Te agradecemos por tu amor, Jesús. Te agradecemos por el Espíritu de Dios. Señor, te pedimos que incluso hoy nos hayas iluminado para que podamos acercarnos un poco más y permitirte eliminar las obras de la carne en nuestras vidas. Que podamos ser una luz para los demás y que sepan que los amas.

Te agradecemos por la Palabra Viva. Te agradecemos por la Palabra Escrita. Te agradecemos, Jesús, que pusiste Tu amor dentro de nosotros por Tu Espíritu para que pudiéramos caminar en él, vivir en él, movernos en él; Señor, a través de Tu amor otros son ganados para Ti. Te damos la gloria. Señor, que tus bendiciones lleguen a todos y cada uno de nosotros, haz que deseemos estar llenos de tu amor, compasión, Tu gentileza y Tu bondad.

Te lo pedimos en tu maravilloso nombre, Jesús, y por tu gloria. Amén.

"Message" por la Rev. Agnes I. Numer

REVISIÓN: LA FE QUE OBRA POR EL AMOR

1. "Estad, pues, firmes en la _____ con que Cristo nos hizo libres, y no estéis otra vez sujetos al yugo de esclavitud". (Gálatas 5:1)
2. Somos hechos _____ en Cristo.
3. Su _____ no va a cambiar, así que nosotros tenemos que cambiar.
4. Dios tiene un camino por Su Espíritu que quiere guiarnos no bajo la _____, sino que por la gracia.
5. Cuando caminamos en Su Espíritu, la palabra dice que no cumplimos con las cosas de la _____.
6. En tu corazón tienes que tener una _____ que te vas a separar de esa carne.
7. Tenemos una nueva ley en nosotros y esa ley es la ley del Espíritu de la vida en _____.
8. Cuando somos _____ en _____ la Biblia dice que el "viejo hombre" está enterrado.
9. Salimos como una nueva _____, una nueva creación con una nueva vida en nosotros y las cosas viejas pasan.

10. Si vives en el Espíritu entonces _____ en el espíritu.

11. Dios dijo que tenemos que llevar lo espiritual a lo natural y lo natural a lo _____.

12. El amor de Dios es lo que va a _____ las vidas de las personas.

13. Él nos está _____ para fluir por Su Espíritu.

Verdadero o Falso

14. ___ El amor que Dios nos da es sólo para nosotros.
15. ___ Dios quiere que miremos más allá de nosotros mismos.
16. ___ Cuando caminamos en la carne, cumplimos con las cosas del espíritu.

Elección Múltiple

17. _____ es la demostración del reino de Dios y su amor.
a. Apocalipsis 1
b. Marcos 2
c. Isaías 58

18. No es lo que hacemos; es lo que Él hace mediante _____ de nuestras vidas.
a. la redención
b. el cambio

c. el juicio

19. "Jehová está en medio de ti_____; Él salvará, se regocijará por ti con alegría; descansará en su amor; se regocijará por ti con el canto." (Sofonías 3:17)
a. contento
b. bendito
c. poderoso

20. Nos transforma para que podamos ser _____.
a. luz
b. discípulos
c. alegría

CAPÍTULO 9
LA PLOMADA

Es hora de tomar una decisión - Todos tenemos una opción

Te damos gracias Dios por tu autoridad y tu amor, te damos gracias por tu justicia y tu misericordia. Precioso Señor, te agradezco que pongas en nuestros corazones el entrenamiento que tienes para nosotros. Señor, te damos las gracias ahora que los principados tienen que irse. Estos poderes del infierno tienen que irse. Tenemos que alinearnos de acuerdo con la palabra de Dios, llenos de tu amor y compasión. Señor, nos trajiste aquí para entrenarnos, te pertenecemos. No vamos a permitir que un espíritu desafiante gobierne en nuestros corazones. Así que, Señor, te agradezco que tomes el dominio sobre cada niño, hombre y mujer. Te damos la gloria por ello, Jesús, en tu maravilloso nombre. Amén.

Leamos algunos Salmos

Salmos 4:1 Respóndeme cuando clamo, oh Dios de mi justicia. Cuando estaba en angustia, tú me hiciste ensanchar; Ten misericordia de mí, y oye mi oración.

Salmos 5:1 Escucha, oh Jehová, mis palabras; Considera mi gemir. 2 Está atento a la voz de mi clamor, Rey mío y Dios mío, Porque a ti oraré. 3 Oh Jehová, de mañana oirás mi voz; De mañana me presentaré delante de ti, y esperaré.

Salmos 6:1 Jehová, no me reprendas en tu enojo, Ni me castigues con tu ira. 2 Ten misericordia de mí, oh Jehová, porque estoy enfermo; Sáname, oh Jehová, porque mis huesos se estremecen

8 Apartaos de mí, todos los hacedores de iniquidad; Porque Jehová ha oído la voz de mi lloro. 9 Jehová ha oído mi ruego; Ha recibido Jehová mi oración. 10 Se avergonzarán y se turbarán mucho todos mis enemigos; Se volverán y serán avergonzados de repente.

Salmos 7:1 Jehová Dios mío, en ti he confiado; Sálvame de todos los que me persiguen, y líbrame:

8 Jehová juzgará a los pueblos; Júzgame, oh Jehová, conforme a mi justicia, Y conforme a mi integridad.

Primero debemos invocarle. Le pedimos a Él que nos amplíe, que se apiade de nosotros y que escuche nuestra oración. Dios nos está diciendo qué hacer para que podamos escucharlo. A menudo nos preguntamos si Él escucha nuestras oraciones. Pero cuando nos damos cuenta de que ha apartado a los piadosos para sí mismo, entonces sabemos que nos oye cuando rezamos.

Nuestro compromiso con Dios tiene que ser lo primero. Venimos a Él con un corazón roto y contrito, venimos con una mente abierta, pedimos perdón y nos arrepentimos de todo lo que hemos hecho. **Luego, Él escucha nuestra oración**, luego Él perdona nuestros pecados, luego los borra. **Dios quiere que sepamos que Él nos escucha** cuando llamamos y Él responderá mientras "escucha" nuestras palabras. Dios reconoce que le amamos; en las primeras horas de la noche, podemos estar en comunión con Él en nuestra cama.

Oímos de gente que tiene que pasar mucho tiempo sola. Sabes que, si Dios está en nosotros, no estamos solos, ¿verdad? Si Él está dentro de nosotros, no tienes que ir a otro lugar para hablar con Él. No tienes que salir al campo y hablar con Él; puedes tener el privilegio de hablar con Él en tu cama. **Dios quiere que lo conozcamos. Quiere tener esa relación íntima** con nosotros y nos lo dice en el Salmo 4. Con tu propio corazón, en tu propia cama, estate quieto, el Señor nos habla en la madrugada. Nos despierta a las 3 y 4 de la mañana. Si Él está en ti, no tienes que irte a otro lugar, sólo habla con Él y te dará tus respuestas y te guiará mediante Su espíritu.

Una vez, una señora vino a mi casa y dijo que el Señor la envió para que Él pudiera hablar contigo. Eso era nuevo para mí, porque el Señor me hablaba en el tendedero, en el fregadero de la cocina, fregando los pisos, pasando la aspiradora, haciendo las camas… nunca era necesario que yo fuera a ningún otro lugar. El Señor me dijo: "No la envié para que te dijera que fueras a su casa. Si hubieras ido a su casa y pasado la noche para que yo pudiera hablar contigo, no habría sido yo quien te hubiera hablado, porque Yo te hablo en todas partes". **Dios quiere que tengamos una relación íntima con Él.**

Recuerda, Él escucha nuestras oraciones. Él perdona nuestros pecados y nos limpia de toda maldad. Y qué alegría es saber que tenemos paz, que podemos recostarnos en paz y dormir y vivir con seguridad. Dios nos ha llamado a una vida de paz y descanso; tenemos que dar nuestra vida al Señor en **total compromiso con Él**. Dios no satisfará nuestras necesidades a medias y no podemos llegar a Él a medias, tenemos que llegar hasta el final: Él **requiere una entrega total**.

Déjame decirte, es algo unilateral... ¿Qué nos está quitando Él? Nos está quitando el pecado y la oscuridad; los malos hábitos, el alcohol, las drogas, todos los deseos y el orgullo de la carne. Se lo está llevando todo y tú eres libre. Entonces, ¿por qué miras atrás y dejas que el diablo atormente tu mente en vez de clamar que eres libre? El Señor me ha liberado.

Una joven que tenía muchos principados y poderes en su vida vino desde Kansas, pero decidió escaparse. Los jóvenes fueron a rescatarla, porque cualquier persona habría podido recogerla y había mucha gente malvada allá afuera. Mientras los jóvenes corrían para llegar a ella, un ángel muy alto vestido de blanco, corrió tras ella y la hizo tropezar. La alcanzaron y la trajeron de vuelta. Esta joven luchaba contra la liberación y decidió que volvería a huir. Esta vez, un hombre borracho la recogió y la llevó a un lugar donde había mucha actividad maligna, pero ella se alejó de él y llamó a casa. Pudo haber sido asesinada muy rápido, pero estuvimos intercediendo por ella desde que salió por la puerta.

Dios tiene un camino para ti que es Su paz, Su justicia, Su perdón y Su sanación. No podemos jugar con Dios o con el diablo, porque de seguro el diablo te hará tropezar y te derribará rápidamente. La paz viene de Dios, la alegría viene de Dios, la salvación viene de Él, el amor viene de Él. El Señor nos llama a esta hermosa relación de la que habla en el Salmo 4. La presencia y el amor de Dios en nosotros. **Dios quiere que pongamos nuestra confianza en Él.** Todos confiamos en nuestra carne, pero ¿confiamos en Dios? Ustedes son un pueblo elegido y Dios los ha elegido para que estén 100% en Él, Él los entrenará para que puedan estar 100% en ustedes allá afuera contra el mal de este mundo.

Nunca lo sabrás, a menos que pongas tu confianza en Él y dejes que te muestre que Él es Dios.

Podemos hacer lo nuestro y Dios no nos detendrá, porque honra tu derecho a elegir. El Señor me enseñó hace 40 años que no tengo derecho a interferir en la elección que nadie hace. Tengo que retroceder y dejar que la hagan, porque tienen el derecho de hacerla, ya sea correcta o incorrecta. A veces, el Espíritu Santo me dice: "Estoy acercando la plomada y esta es la última vez que vengo por aquí". Cuando Él dice eso, tengo que obedecerle y Él lo ha hecho.

Había un hombre que yo conocía que tenía una esposa y dos hijos. Solían venir a pedirnos ayuda. Una noche, en medio de la noche, vino por la liberación. Tenía principados y poderes en su vida que eran muy malvados. Así que rezamos y ayunamos por él y el Señor lo liberó. Su esposa, bueno, no estaba muy preocupada por Dios, dijo que cuando lo necesitara, pensaría en Él.

Un día, el Señor me dijo que fuera a su casa. El Señor me

dijo "quiero que vayas a esa casa y que les leas esta escritura".

Amós 7:6 Se arrepintió Jehová de esto: No será esto tampoco, dijo Jehová el Señor. 7 Me enseñó así: He aquí el Señor estaba sobre un muro hecho a plomo, y en su mano una plomada de albañil. 8 Jehová entonces me dijo: ¿Qué ves, Amós? Y dije: Una plomada de albañil. Y el Señor dijo: He aquí, yo pongo plomada de albañil en medio de mi pueblo Israel; no lo toleraré más:

Fui esa noche y el Señor les dio la palabra. Mi hijo le dijo a su esposa: "¿Sabe algo del Señor?". Ella dijo, "Pienso en el Señor cuando lo necesito". Él dijo: "¿Qué?". Me pareció muy extraño que no tuviera ninguna comunicación con Dios. Así que esa noche después de que nos fuimos, el marido salió de esa casa para no volver nunca más. Se divorció de su esposa y siguió su propio camino y se casó con otra persona. Algún tiempo después, tuvo un accidente de moto y acabó en la unidad de cuidados intensivos del hospital. Fui a hablar con él; creó que había hecho las paces con Dios antes de morir.

Su esposa, bueno, no iba por el camino que Dios quería porque no tenía interés en Dios... excepto cuando Lo necesitaba. Cinco años después, la esposa me llamó en medio de la noche y me dijo que su hijo estaba cruzando la calle a eso de las 3 de la mañana y un camión lo atropelló y lo mató instantáneamente... el pequeño murió igual que su padre. Conocí al niño en pañales. Cuando tenía unos 8 años, llevaba una Biblia y decía que iba a ser predicador. Amaba al Señor, pero los años pasaron y ahora tenía 16 años. Se había unido a algunos adoradores del diablo; todos sus amigos eran adoradores del diablo. Cuando fuimos a la morgue, sus amigos estaban muy tristes. Les dijimos: "¿Saben que este chico no llegó a Dios? Tomó una decisión y se unió a las pandillas y perdió su vida sin Dios". Dijeron: "No a nuestro amigo, esto no le puede pasar a él". Respondimos: "Sí, su amigo, porque eligió el mal en lugar del bien". Oré por algunos de sus amigos, todos estaban vestidos de negro; no parecían seres humanos. Era tan terrible. Todo lo que podía pensar era en este niño pequeño... con una Biblia.

Somos responsables de criar a nuestros hijos en los caminos del Señor. No puedes tener a Dios en tu vida y decidir que vas a dirigir tu propia vida, porque tan seguro como que vives, te vas a encontrar con la muerte y la vas a perder. Cuando Dios nos ha llamado a su camino, y elegimos nuestro propio camino... hay problemas.

Poco sabía yo esa noche que Él dio la palabra, que Dios había bajado la plomada y no iba a ir más por ese camino. Poco sabía yo lo que le iba a pasar a toda esa familia. **Tenemos que tomar decisiones.** Dios no te detendrá de que hagas las cosas a tu manera, pero lo que hagas te puede alejar de Dios.

Debemos pedirle que nos quite todo lo que sea contrario a su perfecta voluntad y que ponga su amor en nosotros **hasta que todo en nosotros esté lleno de Su amor.** Depende de nosotros elegir, porque Dios nos hizo libres. Él no interferirá... tenemos una elección que hacer.

Estaba en África en un pueblo y conocí a un hombre de negocios que Dios había bendecido, pero luego se volvió codicioso. No estaba satisfecho con las bendiciones del Señor. Le dijo al Señor que tenía algunos tratos con la gente y el Señor le dijo que era un soborno. No pensó que fuera un soborno, pensó que sólo eran sus amigos.

Este hombre de negocios nos contó una historia. El

lunes, el Señor le dijo que pusiera su casa en orden porque el sábado iba a morir. Dios dijo: "No he terminado contigo". Era lunes y el Señor le dijo: "Arregla todo y pide a todos que te perdonen". El hombre de negocios recordó a una mujer que tenía mucho odio contra él. Fue a verla y le dijo: "Quiero que me perdones". Ella le tiró sopa caliente a la cara. Se preguntó qué iba a hacer. Finalmente, consiguió que ella le escuchara y le perdonara. Sólo tenía una semana para salvar su vida. Dios dijo: "Pon tu casa en orden". El sábado estaba sano, no le pasaba nada, pero murió.

El domingo por la mañana, su familia lo llevó al Hospital His Stripes... muerto. Un cadáver... no había nada que pudieran hacer ahí; no tenían tiempo para un cadáver. El doctor había oído la historia de Lázaro en su clase de la escuela dominical mientras escuchaba al Señor decir: "Toma este cadáver y llévalo a tu hospital". Su enfermera jefe dijo: "Este hombre está muerto, es un cadáver". Él le dijo: "Póngale una intravenosa". "No tiene venas", respondió la enfermera. El médico dijo: "Póngala donde sabe que hay venas". Estuvo muerto durante cuatro días. La jefa de las enfermeras lo puso en la cama como el doctor lo ordenó. El doctor se fue a casa a descansar un rato, se sintió muy cansado y se durmió, luego el Señor lo tomó mediante Su Espíritu para seguir al empresario que había muerto.

El hombre de negocios se fue a los cielos, donde se abrió el Libro de la Vida para ver si su nombre estaba escrito en él. Dios dijo, "Tengo cuatro cargos contra ti". Trajeron una botella y un cepillo; en esa botella estaba la sangre de Jesús. Tomaron ese cepillo y lavaron los cuatro cargos en su contra. Se quedó allí y no sabía lo que iba a pasar, porque no estaba seguro de que el Señor le hubiera perdonado. El

Señor lavó sus cargos delante de él. El hombre de negocios vio a un amigo detrás de él que dejó de ser Cristiano y oyó a Jesús decirle: "Apártate de mí, nunca te conocí". Mientras seguía ahí de pie ante el gran libro, vio a una mujer que fue enviada al infierno porque no quiso recibir el amor de Dios. Eso fue lo único que había en su contra. Posteriormente, el Señor le dijo al hombre: "Tienes que volver". El doctor escuchó lo que el Señor le dijo a este hombre, y luego lo llevó de vuelta a su dormitorio. El doctor esperó a que el hombre de negocios regresara. Todos los días pensaba que volvería y encontraría a este hombre despierto. Al cuarto día, comenzaron a caer lágrimas por sus ojos. Esa fue la primera señal de vida. El Señor lo restauró con un propósito. Dios le dijo, "Ve y dile a mi pueblo que no hay purgatorio, sino cielo e infierno. Tú eliges uno u otro; ve y cuéntale a mi pueblo".

Las elecciones que hacemos determinan dónde vamos a vivir por la eternidad.

Sólo hay dos lugares a los que ir. Cuando tenía 16 años, me había alejado tanto de Dios que el Señor me sorprendió con el infierno. Abrió el infierno y me dijo: "Si no me sirves, ahí es donde irás". Tan directo como suena. Si no le servimos, ahí es donde iremos.

Pero piensa en lo que Dios nos va a dar a cambio. ¿Cómo podemos resistir a Su amor y a lo que nos ha dado? ¿Preferimos la oscuridad en nuestra vida? Él puede enviarnos al infierno a menos que estemos dispuestos a dejar que Él limpie nuestra casa y nos llene de su amor hasta que nuestro ser se sature con el amor de Dios. No soy una predicadora del fuego del infierno, pero sé muy bien cómo es el infierno. Sé el precio que tenemos que pagar si no caminamos con Dios con todo nuestro corazón.

La gente que no quiere ayudar a los pobres, un día muy pronto se presentarán ante Dios. Dios no les va a preguntar cuántos miles de almas han traído al reino. Él les dirá: " tuve hambre, y no me disteis de comer; tuve sed, y no me disteis de beber; fui forastero, y no me recogisteis; estuve desnudo, y no me cubristeis; enfermo, y en la cárcel, y no me visitasteis". No me importa lo grandes que seamos, si no cumplimos el mandato del Señor, nos lo perderemos.

Isaías 58 es muy fuerte y claro y Dios lo requiere de nosotros; tal vez no quieras hacerlo, pero **si amas a Dios, está en tu corazón satisfacer las necesidades de los demás**. Sólo hay una salida en esta tierra y es la bondad fraternal... amarse los unos a los otros, servirse los unos a los otros, ayudar a los pobres, satisfacer las necesidades que Jesús nos presentó en los Evangelios. Lo que Jesús hizo, nos lo exige.

Tenemos una línea recta, una plomada. No tengo problemas con caminar en esa línea, porque es una línea de paz, alegría, justicia y santidad con el Señor. Necesitamos este entendimiento. Dios está llamando a un pueblo al que puede amar y cantar, mediante el cual Él puede regocijarse, mientras caminamos y corremos en su amor a las naciones del mundo. Lo que Dios tiene reservado para nosotros es muy impresionante, mientras nos vaciamos y dejamos que Su amor nos llene.

En la historia del hombre de negocios, lo único que le faltó a la mujer enviada al infierno fue que no tenía el amor de Dios. Eso era lo único que estaba en contra de ella. Si el amor del mundo está en nosotros, entonces el amor del Padre no lo está. Si amamos al Padre, el amor del mundo no está en nosotros. Dios está dibujando una línea recta en nuestras vidas, para que nos llene y su amor fluya a través de nosotros.

Dios nos abrirá el camino; no tenemos que hacerlo por nosotros mismos y si lo hacemos por nosotros mismos, nos lo perderemos. Si le damos nuestro camino a Dios, Dios lo dirigirá y tendremos esa paz, alegría y justicia. Es mejor tener a Jesús a cargo de nuestra vida. **Es mejor tener Su amor, Su gloria y Su reino operando en nosotros.**

Tenemos que tomar una decisión. Si lo elegimos a Él, seremos eternamente bendecidos por Él y viviremos en Su reino para siempre. Si no lo elegimos, estaremos condenados para siempre. No es una cosa pequeña... tenemos que elegirlo a Él. Él nos ama; no quiere que vayamos al lugar donde va el diablo. Quiere que vayamos al lugar que Él ha elegido para nosotros. No nos forzará ni nos obligará, excepto por su amor para llevarnos a Él. Su amor nos obliga a seguirlo.

Quiero dejarte estas palabras, **elígelo a Él, no falta nada de lo que Él quiere para nosotros si lo seguimos**. Dios nos ha dado tanto; si escuchamos lo que dice, no tenemos que enredarnos con otras cosas y es muy claro, simple y poderoso si lo recibimos.

Dios te lo impartirá si se lo permites. Mantente dispuesto a caminar por el camino de la libertad, la paz y la alegría, la justicia y la santidad.

Padre, te damos las gracias por esta palabra. Jesús, te agradecemos que no digas una cosa y hagas otra, ni tampoco quieras que digamos una cosa y hagamos otra. Señor, habla a nuestros corazones, haznos conocer tu gran amor y provisión para que puedas llevar este Evangelio del Reino de Jesucristo a todo el mundo, para que podamos ser un testigo para todas las naciones. Para que tú, Señor, puedas volver de nuevo a tu pueblo. Señor Jesús, danos tu amor, tu consuelo y tu fuerza. Señor, deja que tu espíritu fluya a través de nosotros moviéndose en nuestras vidas, para que elijamos caminar en el Espíritu de Vida. Señor Jesús, trae la vida para que podamos vivir por toda la eternidad. Nos regocijamos en todo lo que has hecho por nosotros, porque dijiste que no considerarías inocente a nadie que se apartara de Cristo o lo rechazara. Señor, te damos gracias por la verdad que nos hará libres. Jesús, te doy gracias porque tenemos oídos para oír y un corazón para recibir y para obedecer, en el nombre de Jesús, Amén.

Extraído del mensaje "The Plumbline – It is Time to Make a Decision - We All Have a Choice" por la Rev. Agnes I. Numer

REVISIÓN: LA PLOMADA

Preguntas para debatir

1. ¿Tenemos que estar en un lugar especial para hablar con Dios? ¿Dónde hablas con Él?
2. ¿Qué es lo que Dios requiere de nosotros? El Señor nos está llamando a una relación muy estrecha. Describe tu relación con Dios.
3. ¿Qué es una plomada?
4. ¿Para qué se usa?
5. ¿Qué significa cuando Dios pone una plomada en nuestras vidas?
6. Si no servimos a Dios con todo nuestro corazón, ¿qué nos pasará?
7. ¿Cuáles son las alegrías de servir a Dios y de caminar "en línea recta"?
8. ¿Qué camino debemos estar dispuestos a recorrer?

Revisión

1. Amós 7:7 Me enseñó así: He aquí el Señor estaba sobre un muro hecho a _____, y en su mano una _____de albañil.

2. Dios nos ha llamado a una vida de paz y descanso. Tenemos que dar nuestra vida al _____ con total _____ con Él. Dios requiere _____ _____.

3. La paz, la _____, la _____ y el _____ vienen de Dios. Dios quiere que pongamos nuestra _____ en Él.

4. Nuestras_____ determinan dónde vamos a _____ por la eternidad.

5. Si lo elegimos, seremos eternamente bendecidos por él y viviremos en su reino para siempre. Si no lo elegimos, estaremos condenados para siempre.
a. Verdadero
b. Falso

6. Dios te lo impartirá si se lo _____. Debes estar _____ a caminar el camino de la _____, la paz, la alegría, la _____ y la santidad.

7. Sólo hay una _____, la _____fraternal, amarse el uno al otro, _____ el uno al otro, ayudar a los pobres, conocer los _____ que Jesús puso ante nosotros. Lo que Jesús _____, Él _____ de nosotros.

CAPÍTULO 10
LA DECLARACIÓN DE VISIÓN

CADA MINISTERIO DEBE TENER una Declaración de Visión que establezca claramente su objetivo principal. También debe tener una Declaración de Misión que establezca su propósito y enfoque principal.

Definición: Declaración de Visión - Una declaración de una sola oración que describe el claro e inspirador cambio deseado a largo plazo que resulta del trabajo de una organización o programa.

Veamos algunos ejemplos:

- Oxfam: Un mundo justo sin pobreza (5 palabras)
- Habitat for Humanity: Un mundo donde todos tengan un lugar decente para vivir (10)
- NPR: Con su red de estaciones miembros independientes, es la institución noticiosa preeminente de América (14)
- World Vision: Para cada niño y niña: vida en toda

su plenitud. Nuestra oración para cada corazón, la voluntad de hacer esto posible (21)
- In Touch Ministries: proclamar el Evangelio de Jesucristo a la gente de todos los países del mundo. (14)

Declaración de la misión - lo que haces: Una declaración de una sola oración que describe la razón de la existencia de una organización o programa. Se utiliza para ayudar a guiar las decisiones sobre prioridades, acciones y responsabilidades. Aquí hay algunos ejemplos:

- TED: Difusión de ideas. (3 palabras)
- Smithsonian: El aumento y difusión del conocimiento. (6 palabras)
- Livestrong: Inspirar y dar poder a las personas afectadas por el cáncer. (11)
- Charity water: Somos una organización sin ánimo de lucro que lleva agua potable limpia y segura a las personas en los países en desarrollo. (22)
- In Touch Ministries: Llevar a la gente de todo el mundo a una relación creciente con Jesucristo y fortalecer la iglesia local. (19)

La visión de Dios siempre ha estado claramente definida y comunicada a Israel.

Dios hizo un pacto comenzando con Abraham: "y os tomaré por mi pueblo y seré vuestro Dios; y vosotros sabréis que yo soy Jehová vuestro Dios". Dios declaró que tendría un pueblo en la tierra que mostraría Su alabanza.

1. La **promesa de la tierra** (Genesis 12:1). Dios llamó a Abraham de Ur de los Caldeos a una tierra que le daría (Génesis 12:1). Esta promesa se reitera en Génesis 13:14-18 donde se confirma con un pacto; sus dimensiones son entregadas en Génesis 15:18-21. Consulta también Deuteronomio 30:1-10, el Pacto Palestino.
2. La **promesa de los descendientes** (Genesis 12:2). Dios le prometió a Abraham que haría de él una gran nación. A Abraham, que tenía 75 años y no tenía hijos (Génesis 12:4), le prometió muchos descendientes. En Génesis 17:6 naciones y reyes serían sus descendientes. Incluso el Mesías prometido vendría a través de su descendencia.
3. La **promesa de la bendición y la redención** (Genesis 12:3). Dios prometió bendecir a Abraham y a las familias de la tierra a través de él. Esta promesa se amplía en la Nueva Alianza (Jeremías 31:31-34; Hebreos 8:6-13) y tiene que ver con la bendición espiritual y la redención de Israel. Jeremías anticipa el perdón de los pecados. Reafirmado a Isaac (Génesis 21:12; 26:3-4). Confirmado a Jacob (Génesis 28:14-15).

Se acerca el día en que Israel como nación se convertirá, será perdonado y restaurado (Romanos 11:25-27) cuando Israel se arrepienta y reciba el perdón de Dios (Zacarías 12:10-14). Es a través de la nación de Israel que Dios prometió en Génesis 12:1-3 bendecir a las naciones del mundo. Esa bendición final resultará en el perdón de sus pecados y el glorioso reino del Mesías reinará en la tierra.

Jesús declaró Su misión antes de que empezara Su ministerio. Después de ser bautizado, Jesús fue al desierto para ser tentado por el diablo. Cuando salió victorioso, se paró en una sinagoga y leyó este versículo:
Lucas 4:18: El Espíritu del Señor está sobre mí, Por cuanto me ha ungido para dar buenas nuevas a los pobres; Me ha enviado a sanar a los quebrantados de corazón; A pregonar libertad a los cautivos, Y vista a los ciegos; A poner en libertad a los oprimidos;
La visión de Dios para la Iglesia es que la gente de cada tribu, lengua y nación, escuchen el evangelio y se conviertan en la Novia de Cristo. Nuestra Declaración de Misión nos es dada muy claramente por el propio Jesús a través de Mateo 25 - predicar, bautizar y enseñar a todos los pueblos en todas las naciones.
Y les dijo: Id por todo el mundo y predicad el evangelio a toda criatura. Marcos 16:15
Por tanto, id, y haced discípulos a todas las naciones, bautizándolos en el nombre del Padre, y del Hijo, y del Espíritu Santo. Mateo 28:19

Unidad de la Visión

Uno de los mayores desafíos es que a menudo hay diferentes visiones dentro de una congregación. Por favor, analiza los ejemplos a continuación.
La Visión de Dios - el propósito con el que Dios ha llamado a ese grupo en particular. Él tiene un plan, propósito y visión que es parte del "Gran Plan".
La Visión del Pastor - cuando un pastor haya escuchado

al Espíritu Santo, tendrá alguna idea del plan de Dios para esa congregación.

Un líder tiene sus propias ideas o entrenamiento y también tiene su propia agenda.

La Visión de la Gente. Tanto la congregación como su núcleo de líderes tienen una visión.

Los ancianos que rodean al pastor pueden querer compartir y aportar a la visión general. Pueden conocer la historia mejor que el pastor.

Estas personas pueden tener una cierta identidad propia distinta a los líderes, además de experiencias anteriores.

Algunas personas son egoístas o indiferentes; algunas pueden haber recibido enseñanzas pasadas que pueden afectar su visión para su iglesia.

La visión clara alienta la unidad

Una visión clara y compartida anima y permite a la gente reunirse y trabajar en conjunto. Crea una identidad común y objetivos mutuos. Permite a la gente "subir a bordo ". También le da a la gente un propósito en lo que hacen porque son una parte importante de algo que va a alguna parte. Una visión común dice que estamos trabajando juntos hacia los mismos objetivos. ¡Nos necesitamos el uno al otro!

Lleva a tu congregación a la unidad de visión.

Una vez que hayas establecido la clara visión de lo que Dios quiere llevar a cabo en tu ministerio, ¿cómo puedes ahora compartir esta visión y llevar a la gente a una unidad de propósito? **Recuerda que la gente normalmente se resiste al cambio.**

Usa los siguientes pasos para ayudar a llevar a tu congregación a la unidad de visión:

1. Prepárate. Busca y conoce la visión de Dios en oración.
2. Desarrolla relaciones de confianza con tus líderes principales para que ellos también puedan tener un aporte en la visión.
3. Oren juntos. Busquen a Dios. Discutan la visión juntos.
4. Cuando sea posible, vayan a un retiro con sus líderes y oren sobre la visión.
5. Establezcan objetivos a largo y corto plazo.

Una vez que su núcleo de liderazgo comparte la misma visión, es momento de:

- Convocar una eunión.
- Hacer un "Reality Check". Siendo realistas, ¿dónde estamos realmente ahora mismo?
- ¿Qué desafíos enfrentamos, a dónde vamos realmente? ¿Conocemos nuestro propósito?
- Comparte la visión con todos, hazla clara. Di "Aquí es donde nosotros, todos los líderes principales, creemos que Dios nos está guiando".
- Todos los líderes centrales están unidos; están sentados juntos y varios están compartiendo en apoyo de "nuestra visión".
- La comunicación es una calle de dos vías y tenemos que permitir la entrada. La gente que

siente que su aporte es **escuchado**, probablemente dará lo mejor de sí para cumplir con la visión.
- A menos todos compartan la misma visión, estarás empujando cuesta arriba todo el camino.
- **Repite, repite, repite.** Es importante enfatizar continuamente la importancia de la visión.
- Usa eslóganes, palabras clave e incluso cambios de nombre. Pon la visión en el boletín, en los carteles y en lo que sea apropiado.
- Oren juntos para que se alcancen los hitos específicos y se cumplan las necesidades.
- **Celebren los pequeños hitos** y mantengan el entusiasmo.
- **Recuerda decir "gracias".** Siempre reconoce un trabajo bien hecho.

Aquí hay algunas escrituras sobre la visión:

Así ha dicho Jehová de los ejércitos: No escuchéis las palabras de los profetas que os profetizan; os alimentan con vanas esperanzas; hablan visión de su propio corazón, no de la boca de Jehová. Jeremías 23:16

Sin profecía el pueblo se desenfrena; Mas el que guarda la ley es bienaventurado. Proverbios 29:18

Aunque la visión tardará aún por un tiempo, mas se apresura hacia el fin, y no mentirá; aunque tardare, espéralo, porque sin duda vendrá, no tardará. Habacuc 2:3

Y Jehová me respondió, y dijo: Escribe la visión, y declárala en tablas, para que corra el que leyere en ella. Habacuc 2:2

Porque yo sé los pensamientos que tengo acerca de

vosotros, dice Jehová, pensamientos de paz, y no de mal, para daros el fin que esperáis. Jeremías 29:11
Porque no hará nada Jehová el Señor, sin que revele su secreto a sus siervos los profetas. Amós 3:7
En el ministerio y en los negocios necesitamos tener una **visión clara de nuestra Visión**, y necesitamos saber "**quiénes somos y qué hacemos**" lo que nos dará una **fuerte unidad de propósito.**

REVISIÓN: LA DECLARACIÓN DE VISIÓN

1. Una declaración de visión establece claramente su objetivo principal
   a. V
   b. F

2. La declaración de visión debe ser un párrafo que explique tu ministerio
   a. V
   b. F

3. La declaración de misión dice lo que tu ministerio hace en particular
   a. V
   b. F

4. "y os tomaré por mi pueblo y seré vuestro Dios; y vosotros sabréis que yo soy Jehová vuestro Dios", es la visión de Dios para:
   a. David

b. Noah
c. Jesús
d. Abraham

5. Jesús declaró su misión, la cual se encuentra en la escritura:
a. Juan 17:17
b. Lucas 4
c. Salmos 23
d. Apocalipsis 20:10

6. ¿Cuál es la visión de Dios para la iglesia?
a. Conquistar el mundo entero para Dios
b. La gente de todas partes tendrá la oportunidad de escuchar el evangelio y convertirse en la Novia de Cristo
c. Que todo Su pueblo se vuelva próspero y saludable

7. La misión que Dios nos dio fue:
a. Predicar, bautizar y enseñar a todas las naciones
b. Estudiar diligentemente su palabra diariamente
c. Vivir una vida separada y consagrada a Él

8. La gente en una congregación puede tener su propia visión de su iglesia
a. Verdadero
b. Falso

9. Una clara visión compartida crea
a. Una atmósfera donde la gente puede trabajar en conjunto
b. Unidad de propósito
c. Un sentido de importancia en la gente de la congregación

d. Todo lo anterior

10. Para llevar a una congregación a la unidad de propósito, el pastor debe conocer la visión de Dios para su iglesia.
a. V
b. F

CAPÍTULO 11
ALABANZA Y ADORACIÓN

ANTES DE COMENZAR ESTE CURSO, *por favor, revisa el libro Fundamentos de Fe, Capítulo 1 - ¿Quién es Dios?*

Cantar sin la unción de Dios es sólo cantar

"Es algo temible producir música de "Alabanza y Adoración" que conduce a hambre por más música - la adoración debe llevar al hambre por las profundidades de Dios y su palabra. Como líderes de la adoración, nos arriesgamos a que al público en general le guste o no la música que Dios profetiza a través de nosotros... pero es más importante complacer a Dios. Sabemos que el lugar que tenía el enemigo era traer alabanzas ante el trono. Debemos ser muy cuidadosos para no caer como él y anhelar esa alabanza para nosotros mismos".

En el Antiguo Testamento, el Santo de los Santos estaba oculto por un velo. La única vez que se le permitía entrar a alguien era una vez al año en el Yom Kipur o Yom Kippur, también conocido como Día de la Expiación. Sólo el Sumo

Sacerdote entraba y ofrecía sacrificios de sangre y quemaba incienso ante el propiciatorio.

Hoy en día, como Músicos también somos considerados sacerdotes.

¿POR QUÉ QUEREMOS ENTRAR EN el Santo de los Santos?

El cargo de sacerdote era un papel hereditario. El sacerdote pasaba toda su vida sirviendo a Dios y ofreciendo sacrificios para pedir perdón para el pueblo de Dios. Algunos sacerdotes eran los hombres más malvados de la nación quienes, en vez de clamar contra el pecado, se unían a este. Como músicos, guardemos nuestros corazones, para llevar la presencia de Dios a su pueblo para que puedan venir a su presencia para la curación, la restauración y el perdón del pecado. Alabemos y adoremos con un corazón puro, sin vergüenza y sin avergonzar a Dios.

Antes de que el sacerdote entrara en el Santo de los Santos, se santificaba a sí mismo. Se hacía a un lado y le pedía a Dios que lo limpiara de su pecado y eliminara todo lo que ofendiera a Dios. La santificación nos identifica con Dios, que está separado de este mundo. El sacerdote usaba vestimentas especiales de hermosos colores con oro, azul, púrpura y escarlata.

¿Seremos capaces de ver al líder del culto como un

sacerdote ante Dios?

¿Quién es el adorador?
El adorador no es sólo el que canta al frente. La gente a la que le cantamos también adorará a Dios. No traemos a otros a la presencia de Dios. Adoramos a Dios y cuando su presencia llena la habitación, la gente elige entrar o no entrar.

Dirigir la Adoración

Como líder de la adoración discernimos el corazón de nuestro Padre Dios y lo alabamos - al adorar a Dios, Dios trae a su pueblo a su presencia y obliga a nuestros corazones a un compromiso más profundo.

Como líderes de la adoración, nuestra devoción a Dios y nuestro amor por Dios se muestra a través de nuestra adoración. Podemos ser músicos hábiles. Pero puede que no tengamos una relación profunda con Dios. Sólo podemos adorar en la medida en que tengamos una profunda relación con Dios.

¿Por qué queremos entrar en la presencia íntima de Dios??

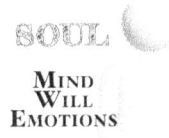

Para que anhelemos vivir allí, para siempre, abandonando el pecado y todos los demás dioses. Deseando ser la novia de Cristo, no sólo permanecer como discípulos. Para que nuestros corazones se abran a recibir el resto del servicio, la palabra de Dios a través del pastor o el ministerio que se dará después del servicio musical.

Cuando elegimos adorar, Dios nos fortalece para pasar a través de todo.

¿Recuerdan a Pablo cantando en la prisión??

23 Después de haberles azotado mucho, los echaron en la cárcel, mandando al carcelero que los guardase con seguridad. 24 El cual, recibido este mandato, los metió en el calabozo de más adentro, y les aseguró los pies en el cepo. 25 Pero a medianoche, orando Pablo y Silas, cantaban himnos a Dios; y los presos los oían. Hechos 16:23-25.

El hombre está hecho con un alma, un espíritu y cuerpo. Nuestra alma consiste en nuestra mente, voluntad y emociones. Nuestro espíritu viene de Dios y se relaciona con Dios. Nuestro cuerpo es el lugar donde vivimos. Esto nos ayuda a entender cómo adoramos.

Hay diferentes reinos de Alabanza y Adoración.

El Reino del Alma

La música puede mover a la gente. Mueve a la gente a bailar, a cantar, a "enamorarse", a estar deprimida, a ser feliz.

La mayoría de la música se interpreta en el reino del alma. Su propósito es entretener. ¿Pero obliga esta música a nuestros corazones a entrar en la presencia de Dios?

El Reino de la Alabanza

La alabanza comienza a

ministrar al hombre del Espíritu. Esta música comienza a obligar al corazón a enfocarse en Dios en vez de en nosotros mismos. El Espíritu de Dios comienza a moverse en los corazones de la gente, puede traer sanación, liberación y otros dones del Espíritu.

Cantad a Jehová cántico nuevo; Su alabanza sea en la congregación de los santos. 2 Alégrese Israel en su Hacedor; Los hijos de Sion se gocen en su Rey. 3 Alaben su nombre con danza; Con pandero y arpa a él canten. 4 Porque Jehová tiene contentamiento en su pueblo; Hermoseará a los humildes con la salvación. 5 Regocíjense los santos por su gloria, Y canten aun sobre sus camas. Salmos 149:1-5

El Reino de la Adoración

Cuando el líder de la adoración discierne el Corazón de Dios y lo adora, **Dios trae a Su pueblo a Su presencia.**

 Cuando entramos en la presencia de Dios a través de la adoración, nuestras vidas cambian. Entramos en Su presencia abandonando nuestras preocupaciones, inquietudes y citas; nuestro enfoque es sólo en Dios. Nos damos cuenta de la grandeza de Dios, de su amor y de quién es. Es en este lugar donde Dios habla a nuestros corazones dándonos sanación, dirección y paz. Es en este reino que nos hacemos muy conscientes de Él.

No podemos tener miedo de entrar en la adoración íntima de Dios delante de los demás. Sólo entrando en este lugar de culto íntimo podemos llevar a los demás a la libertad de expresar su amor a su Padre Celestial.

La alabanza en la Guerra Espiritual

Cuando miramos al Rey Josafat vemos una situación increíble:

Y cuando comenzaron a entonar cantos de alabanza, Jehová puso contra los hijos de Amón, de Moab y del monte de Seir, las emboscadas de ellos mismos que venían contra Judá, y se mataron los unos a los otros. 2 Crónicas 20:22

Vemos aquí que mientras el pueblo de Dios no sólo cantaba sino que Lo alababa, destruía al enemigo. Hay veces que Dios usa nuestra alabanza como Guerra Espiritual; cuando cantamos, el enemigo huye.

6 Exalten a Dios con sus gargantas, Y espadas de dos filos en sus manos, 7 Para ejecutar venganza entre las naciones, Y castigo entre los pueblos; 8 Para aprisionar a sus reyes con grillos, Y a sus nobles con cadenas de hierro; 9 Para ejecutar en ellos el juicio decretado; Gloria será esto para todos sus santos. Aleluya.. Salmos 149:6-9

¿A qué reino lleva la música que tocas y las canciones que cantas a quienes las escuchan?

Una buena pauta para la alabanza y la adoración es darse cuenta de que sólo estamos acompañando lo que Dios está haciendo.

Debemos darnos cuenta de que hemos sido creados para alabar a Dios.

Nos presentamos ante Él con un corazón puro.

Venimos esperando que Dios se mueva.

Mientras Dios se mueve, fluye con Él.

Nuestra responsabilidad es alabar a Dios, no esperar que Dios nos ayude....

Somos sacerdotes ante Él. Adóralo en espíritu y en verdad, no trayéndole vergüenza, sino trayendo a su pueblo ante Él para que Él pueda quitarle la vergüenza.

Anticipa que Dios se moverá entre Su pueblo; Él habita las alabanzas de su pueblo y cuando Dios se mueve, nosotros cambiamos.

Adora a Dios en espíritu y en verdad. Purifica tu corazón antes de empezar a tocar. Trae tu alabanza como una ofrenda ante Él. Si tienes algún pecado, o algo en contra de alguien, encárgate de ello antes de adorar. Pide perdón y aclara el desacuerdo. Sé un sacerdote ante Él.

Practica **antes de tocar**. Practica tu instrumento, practica tocar y cantar en grupo. Asegúrate de que los ingenieros de tu equipo tengan todo el equipo de amplificación listo antes de la adoración. No permitas que los miembros del equipo practiquen durante el culto. No queremos ser una distracción, queremos adorar a Dios.

El foco está en Dios, no en nosotros mismos.

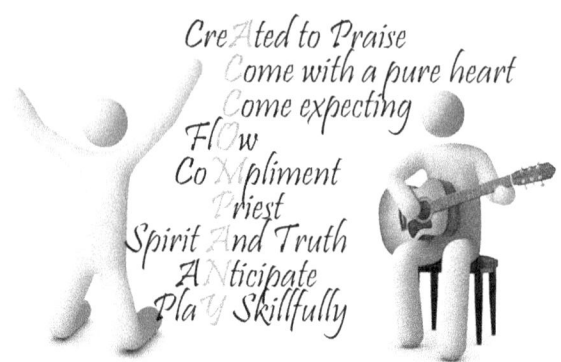

Alabad a Dios en su santuario; Alabadle en la magnificencia de su firmamento. 2 Alabadle por sus proezas; Alabadle conforme a la muchedumbre de su grandeza. 3 Alabadle a son de bocina; Alabadle con salterio y arpa. 4 Alabadle con pandero y danza; Alabadle con cuerdas y flautas. 5 Alabadle con címbalos resonantes; Alabadle con címbalos de júbilo. 6 Todo lo que respira alabe a JAH. **Aleluya**. Salmos 150:1-6.

REVISIÓN: ALABANZA Y ADORACIÓN

1. Cantar sin la unción de Dios es sólo cantar.
a. Verdadero
b. Falso

2. Los músicos no son considerados sacerdotes.
a. Verdadero
b. Falso

3. Lucifer solía traer alabanzas ante el trono.
a. Verdadero
b. Falso

4. Como músicos, _____ nuestros corazones, para que podamos llevar la _____ de Dios a su pueblo, para que puedan recibir la_____, la_____ y el perdón del pecado.

5. Alabemos y adoremos con un _____ _____ sin _____ y sin avergonzar a Dios.

6. Antes de que el sacerdote entrara en el Santo de los Santos, se santificó. ¿Debemos santificarnos antes del culto?
a. Sí
b. No
c. A veces

7. Nuestro amor por Dios se muestra a través de nuestra adoración
a. Verdadero
b. Falso

8. Podemos fingir que nuestra habilidad ocultará lo profunda que es nuestra relación con Dios.
a. True
b. Falso

9. Cuando _____ adorar, Dios nos _____ para pasar a través de todo.

10. ¿Qué reino no es un reino de Alabanza y Adoración?
a. La Alabanza en la Guerra Espiritual
b. EL Reino de los Sueños
c. EL Reino del Alma
d. El Reino de la Adoración

11. Cuando cantamos, ¿cómo nos aseguramos de no ser una distracción?
a. Practicando antes de tocar.
b. Asegurándonos de que el ingeniero tenga el equipo listo antes de empezar.
c. Evitando practicar durante el culto.

d. Todo lo anterior

12. ¿Cuál de las siguientes no es una directriz que acompañe lo que Dios está haciendo?
a. Date cuenta de que hemos sido creados para alabar a Dios.
b. Presentarse ante Él con un corazón puro.
c. Toca con confianza en ti mismo como un gran músico
d. Ven deseando que Dios se mueva.
e. Como Dios se mueve, fluye con Él.

13. Nuestra responsabilidad es _____ a Dios y no _____ que Dios nos _____.

14. Si la congregación no está cantando con nosotros, ¿qué no debemos hacer?
a. Centrarnos en Dios
b. Gritarle a la congregación
c. Tocar canciones que la congregación pueda conocer
d. Asegurarnos de que las canciones no estén ni muy altas ni muy bajas

CAPÍTULO 12

SUBE MÁS ARRIBA EN SU AMOR

I. Nuestro amor humano no se compara con el Amor de Dios

PABLO ESTABA MUY contento con los filipenses, y los amaba mucho. Afirmó que eran su alegría y su corona. Dijo, "Así que... estad así firmes en el Señor...". Les dio instrucciones, pero también les dijo que oraran: "Por nada estéis afanosos, sino sean conocidas vuestras peticiones delante de Dios en toda oración y ruego, con acción de gracias. Y la paz de Dios, que sobrepasa todo entendimiento, guardará vuestros corazones y vuestros pensamientos en Cristo Jesús". Hoy creo que necesitamos renovar estas palabras en nuestra propia vida. Aquí, en este lugar, donde estamos tan cerca unos de otros, no es tan fácil, porque algunos están más procesados que otros; algunos han pasado por el fuego un poco más - y tienen muchas cosas quemadas. Y algunos no lo han experimentado todavía. Pablo estaba permitiendo todo esto. "Y la paz de Dios, que sobrepasa todo entendimiento, guardará vuestros corazones y vuestras mentes en Cristo Jesús".

Filipenses 4:1-15

1 Así que, hermanos míos amados y deseados, gozo y corona mía, estad así firmes en el Señor, amados.

2 Ruego a Evodia y a Síntique, que sean de un mismo sentir en el Señor.

3 Asimismo te ruego también a ti, compañero fiel, que ayudes a éstas que combatieron juntamente conmigo en el evangelio, con Clemente también y los demás colaboradores míos, cuyos nombres están en el libro de la vida.

4 Regocijaos en el Señor siempre. Otra vez digo: !!Regocijaos!

5 Vuestra gentileza sea conocida de todos los hombres. El Señor está cerca.

6 Por nada estéis afanosos, sino sean conocidas vuestras peticiones delante de Dios en toda oración y ruego, con acción de gracias.

7 Y la paz de Dios, que sobrepasa todo entendimiento, guardará vuestros corazones y vuestros pensamientos en Cristo Jesús.

8 Por lo demás, hermanos, todo lo que es verdadero, todo lo honesto, todo lo justo, todo lo puro, todo lo amable, todo lo que es de buen nombre; si hay virtud alguna, si algo digno de alabanza, en esto pensad.

9 Lo que aprendisteis y recibisteis y oísteis y visteis en mí, esto haced; y el Dios de paz estará con vosotros.

10 En gran manera me gocé en el Señor de que ya al fin

habéis revivido vuestro cuidado de mí; de lo cual también estabais solícitos, pero os faltaba la oportunidad.

11 No lo digo porque tenga escasez, pues he aprendido a contentarme, cualquiera que sea mi situación.

12 Sé vivir humildemente, y sé tener abundancia; en todo y por todo estoy enseñado, así para estar saciado como para tener hambre, así para tener abundancia como para padecer necesidad.

13 Todo lo puedo en Cristo que me fortalece.

14 Sin embargo, bien hicisteis en participar conmigo en mi tribulación.

15 Y sabéis también vosotros, oh filipenses, que al principio de la predicación del evangelio, cuando partí de Macedonia, ninguna iglesia participó conmigo en razón de dar y recibir, sino vosotros solos;

El amor de Dios es muy poderoso. Quiere hacer mucho en nuestra vida para hacerla cambiar. Quiere quitar lo que es humano en naturaleza y dejar que la paz de Dios venga y mantenga nuestros corazones y mentes a través de Él. Hay momentos en los que las circunstancias nos conmueven; el Señor quiere cambiarnos para que podamos ser como Él. Realmente creo que Dios quiere transformar nuestras vidas con su amor de tal manera que no tengamos la interferencia del amor humano, y así nos demos cuenta de que el amor de Dios supera cualquier otra cosa. Dios está haciendo lo imposible en cada una de nuestras vidas para que podamos avanzar en su amor y que su amor llegue al mundo. No creo que el amor humano mezclado con el amor de Dios sea perfecto. Creo que es imperfecto. Pero lo que Dios quiere hacer por nosotros es quitar el amor carnal y poner un amor por los demás que no se vea afectado por las circunstancias. Por ejemplo, si amamos y ayudamos a alguien, y esta persona hace algo muy malo contra nosotros, entonces nos sentimos heridos y nos ponemos a la defensiva. Pero Dios está diciendo que la paz de Dios que sobrepasa todo entendimiento, guardará vuestros corazones y vuestras mentes a través de Jesucristo.

1 Corintios 13:4-8 dice que el amor perdura mucho tiempo y es paciente y amable; el amor nunca es envidioso ni hierve de celos, no es jactancioso ni vanaglorioso, no se exhibe con altivez. No es engreído, (arrogante e inflado de orgullo); no es grosero (poco cortés) y no actúa de manera impropia. El amor de Dios (el amor de Dios en nosotros) no insiste en sus propios derechos o en su propio camino, porque no es egoísta; no es susceptible, ni irritable, ni resentido; no tiene en cuenta el mal que se le hace, (no presta atención a un mal sufrido). No se alegra de la injusticia, sino que se alegra cuando prevalecen el derecho y la verdad. El amor se sostiene bajo cualquier cosa y todo lo que viene; está siempre listo para creer lo mejor de cada persona, sus esperanzas no se desvanecen bajo ninguna circunstancia, y lo soporta todo (sin debilitarse). El amor nunca falla, (nunca se desvanece o se vuelve obsoleto o llega a su fin). En cuanto a la profecía (el don de la interpretación de la voluntad y el propósito divino), se cumplirá y pasará; en cuanto a las lenguas, se destruirán y cesarán; en cuanto al conocimiento, pasará; (perderá su valor y será reemplazado por la verdad).

Estamos viviendo en la hora del Espíritu de la Verdad. Creo que el Espíritu de la Verdad va a tomar el lugar de estas otras cosas. Creo que Dios está viniendo con fuerza a nuestras vidas para que conozcamos la verdad - para que podamos caminar en la verdad y obedezcamos la verdad. Y Él nos ha dado su paz, que está más allá de cualquier cosa que podamos entender. Nuestro amor humano no se compara con el amor de Dios. Con nuestro amor, fallamos. Nos afecta. Nuestras emociones están involucradas con él, y se rompen. Pero si permitimos que Dios elimine estas cosas de nuestras vidas para que Su amor puro esté ahí, y dejemos que Su amor puro responda a cada situación, entonces no seremos afectados por la situación. Y te concedo que es muy difícil para nosotros, muchas veces, estar en silencio cuando sentimos que necesitamos hablar. Es difícil para nosotros no enfadarnos cuando surgen situaciones que nos ponen a prueba hasta el límite. Dios también se enfada, recuerda eso; pero Su ira es diferente a la ira humana. Su ira es diferente. Nuestra ira tiene muchas cosas que Su amor no tiene. La ira que sale de nosotros no está dada por Dios en su mayoría. A veces Dios vendrá en Su ira, pero nos dice que quiere que su amor tome el lugar del amor humano que no es bueno. Es egoísta, es egocéntrico, autocomplaciente, es todas estas cosas - es celoso, es vanaglorioso, es jactancioso y se vuelve arrogante. Pero el amor de Dios no hace nada de eso.

II. Dios nos está perfeccionando con Su Amor

Sabes, no se aprende esto de la noche a la mañana. Lo aprendes procesándolo. Lo aprendemos por el procesamiento que Dios está haciendo en nuestra vida. Recuerdo una vez en mi vida cuando el Señor me dijo, "No puedes amar a tu marido, no puedes amar a tus hijos más de lo que amas al extraño que viene". Bueno, ese fue un gran "golpe". ¿Cómo podía hacerlo? Sólo podría hacerlo si le permitiera quitarme lo que no es como Él. Nos amamos unos a otros, pero puede que no sea el amor de Dios; puede que sea algo que sentimos unos hacia otros. Pero cuando **tenemos el amor de Dios en nosotros, entonces nos sentimos de manera diferente.** Dios hace algo que nos ayuda en cualquier situación que no sabemos cómo manejar. Puedo decirte que en este lugar tenemos momentos difíciles. Tiempos difíciles entre nosotros, tiempos difíciles con nuestros hijos, y tiempos difíciles con nosotros mismos - porque nos gusta nuestra propia vida.

Pero con el amor de Dios en tu vida, tratas de ser cuidadoso con lo que dices, lo que haces, cómo actúas. Algunos de nosotros no ejemplificamos mucho el amor de Dios. Y a veces cuando no ejemplificas Su amor, los maestros se enfadan, las escuelas son destrozadas y los espíritus corren por todas partes. Y entonces tenemos que entrar y orar y deshacernos de ello. Bueno, Dios te está perfeccionando también, con Su amor. **Y un día serás capaz de estar en una congregación de gente, y sólo sentirás el amor de Dios por los demás, porque Él quitará todo lo demás de nuestra vida, si se lo permitimos.**

Una cosa sobre el Señor es que a veces nos equivocamos; decimos y hacemos cosas. Pero tan pronto como lo hacemos, algo sucede. Muy pronto nos damos cuenta de que en realidad no era el Señor, sino nuestras propias reacciones. Dios nos está perfeccionando en Su paz; nos está perfeccionando en Su amor. Él dijo que "todas estas cosas van a pasar, pero mi amor **nunca** pasará. Mi paz nunca pasará. Mi alegría **nunca** pasará". Dios quiere que bajo cualquier circunstancia descansemos en Su paz, descansemos en Su amor, y tengamos Su alegría; **en medio de toda clase de circunstancias, el Señor nos guardará.** Él decía aquí: "La paz de Dios, que sobrepasa todo entendimiento, guardará vuestros corazones y mentes...". No sólo tu corazón, sino también tu mente. "... a través de Cristo Jesús." Estas cosas no cambiarán. El cielo y la tierra pasarán, pero Jesús dijo "Mi palabra **NUNCA** pasará". Y lo que Él hace en nuestra vida es para siempre. Amén. Nos está quitando los obstáculos; nos está quitando las cosas que, si estamos entrenados aquí para salir a otros países, es muy, muy importante que estemos entrenados en las pequeñas cosas. Es muy importante que el amor de Dios sea lo que gobierne nuestra vida. Es muy importante que Su paz esté ahí, y Su alegría esté ahí. El amor, la paz y la alegría que nos ha dado le dirá al mundo que Jesús los ama. Y es por eso que debemos permitir que el Señor saque la basura de nuestras vidas y deje que la carne se vaya, para que podamos tener Su amor puro morando en nosotros.

No ejemplificamos a Dios cuando vamos por el mundo en arrebatos de ira. No lo ejemplificamos cuando queremos nuestro propio camino, haciendo lo nuestro. Dios quiere que entremos en una relación con Él, con su amor puro y su paz y alegría, para que podamos fluir juntos en todo lo que Dios tiene para nosotros. Su paz, su amor, su alegría... Puedo decirte que tengo mucha más paciencia, tengo mucha más resistencia a los 80 años que a los 40. Puedo decirte que Él ha hecho mucho en mi vida, y puede hacer lo mismo en la tuya. No tiene que tomar 40 años para hacerlo. Todo lo que se necesita es la determinación de dejar que el Señor cambie tu vida. Y puede hacerse rápidamente, si realmente elegimos caminar en Su amor, y dejar ir las cosas humanas que llamamos amor.

III. El amor de Dios no espera nada a cambio

Nuestro amor nos hiere y nos hace daño. El amor de Dios no nos hace daño. El amor de Dios no espera nada a cambio. Es puro, se extiende y ama a todo el mundo sin querer nada a cambio. Si quieres algo a cambio, entonces debe haber algo de tu propio deseo y tu propio amor. Dios está diciendo, "No esperes nada de otras personas. Ámalas con el amor del Señor, y ellas responderán con el amor de Dios". Pero si mostramos algo más, estamos obstaculizando lo que Dios quiere que hagamos, lo que Él quiere que seamos. Él quiere que su amor cambie nuestra vida. Depende de nosotros. No es engreído, no es arrogante, y no está inflado de orgullo. No es grosero. El amor de Dios no insiste en sus propios derechos o en su propio camino. Porque no es egoísta, no es susceptible de ser tocado, no es inquieto y no está resentido. No tiene en cuenta el mal que se le hace. Necesitamos eso, ¿no? Lo necesitamos porque muy cuando alguien nos hiere, algo se levanta dentro de nosotros en defensa.

Hace muchos años, Dios estaba tratando conmigo, y dije: "Pero, Dios, no merezco ese tipo de tratamiento". ¿Cuántos de ustedes han dicho eso? "Dios, no merezco ese tipo de tratamiento". Fui bastante terca al respecto; porque estaba segura de que tenía razón. Estaba segura de que tenía razón, de que no merecía ese tipo de tratamiento. Pero Dios me dijo: "¡Tú, cabeza dura! No importa si lo mereces o no, ¡déjalo ir!".

Esto es lo que pasa con nosotros: actuamos de cierta manera, y el Señor dice, "Sólo déjalo ir. No importa". Al amor de Dios no le importan esas cosas. Dios te lo dará. Había un hombre al que habíamos ayudado mucho, y era un predicador. Le habíamos ayudado y le habíamos sacado de todo tipo de situaciones. Oramos por él para que saliera adelante con su familia y con todo tipo de cosas. Y cuando hablaba de mí, me llamaba "esa mujer". "Ella... esa mujer", ya sabes. Todos los años que le ayudé, le dije, "¿Cuánto tiempo, Señor, voy a tener que ayudar a este hombre y ni siquiera conseguir respeto de él?". Ni siquiera recordaba mi nombre, después de años y años de ayudarlo.

Bueno, a veces estas son cosas que tenemos que soportar. ¿Pero cómo reaccionamos ante ellas? Sólo dije, "Señor, creo que ya lo he ayudado lo suficiente". Pero el Señor no opinaba lo mismo. "Pero, Señor, ya he tenido suficiente". Una vez dije, "Señor, voy a poner el candado en la puerta, y no aceptaré que venga más gente." Sólo le dije eso un par de veces al Señor. Pero el Señor dijo, "Sabes bien que no vas a hacer eso".

El amor de Dios es lo que tiene que alcanzar y cambiar los corazones. Los corazones de los niños, los corazones de los adultos, los corazones de todos. **El amor de Dios tiene que hacerlo.** No podemos hacerlo golpeándoles ni gritándoles. No podemos hacerlo enojándonos con ellos. No funciona de esa manera. A veces nos apetece, y a veces lo hacemos, pero no funciona.

El amor de Dios lo soporta todo.

Llega un momento en que Dios dice: "Ya basta". Ha habido algunas personas en mi vida a las que Dios me ha traído y me ha dicho: "Ya no tienes nada que ver con ellas.

Se acabó." Gracias a Dios, no fueron demasiadas. Pero como el Señor dijo que era suficiente, se fueron, y esa gente nunca fue a ninguna parte con Dios. Se alejaron, porque Dios sabía lo que había en sus corazones. Dios sabía las cosas que hacían contra Él, Su Espíritu, Su Palabra y Su Amor.

IV. El amor perdura mucho tiempo y es paciente

El Señor quiere construir en cada uno de nosotros este amor que perdura y es paciente. La mayoría de la gente, sobre todo los jóvenes, no tienen paciencia. Pero **la paciencia es algo que se aprende al soportar.** Y a veces escucho comentarios de unos a otros, y puedo decir que no están soportando nada. No están mostrando el amor de Dios. Pero Dios dice que su amor perdura. Es paciente. Es amable. Hoy necesitamos escuchar Su Palabra y decir, "Señor, lléname con Tu amor. Llena mi corazón, llena mi mente, llena mi cuerpo con tu amor".

Debe ser precepto sobre precepto, y línea sobre línea, aquí un poco y allí un poco. **Dios cambiará tu vida.** Esto es lo más difícil que tenemos que hacer. ¿Por qué? Él dice: "Sólo pongo mi amor en ti. Para que cuando salgas a otros países, ellos sepan que has sido enviado por Mí. Y que Mi amor está en ti, y ellos van a responder a Mi amor". Cada ser humano, a menos que se haya vuelto réprobo o que los poderes de Satanás lo controlen totalmente, es afectado por el amor de Dios. Dios nos llama a interceder, a orar, a amarnos unos a otros, a mantener su palabra, a mostrar su amor incluso cuando la situación es desagradable. Dios es tan fiel a nosotros, que necesitamos ser fieles a Él. Necesitamos recordar esta Palabra que nos está dando.

"Por lo demás, hermanos, todo lo que es verdadero, todo lo honesto, todo lo justo, todo lo puro, todo lo amable, todo lo que es de buen nombre; si hay virtud alguna, si algo digno de alabanza, en esto pensad. 9 Lo que aprendisteis y recibisteis y oísteis y visteis en mí, esto haced; y el Dios de paz estará con vosotros.," Pablo dijo, "...haced:" No dijo, "Me oyes decirlo", ahora escúchalo: "y oísteis y visteis en mí..." ¿Eso es un poco más que oírlo? "...y el Dios de la paz estará con vosotros". En este lugar Dios imparte con cada palabra que da de esta Biblia - Él te la imparte.

Tienes el derecho de recibirla. Tienes el derecho de hacerla tuya, porque Él te la está **dando**. Así que, si quieres subir un poco más arriba en Su amor, ¡recíbelo!

Te lo está dando para que puedas ser como Él. Te lo da porque Pablo dijo: " Lo que aprendisteis y recibisteis y oísteis y visteis en mí, esto haced...". Pablo fue el ejemplo que Dios usó para mostrarle a la gente su amor y su palabra. "Lo que aprendisteis y recibisteis y oísteis y visteis en mí, esto haced" dijo Pablo, "...y el Dios de la paz estará con vosotros". Él nos lo está impartiendo incluso ahora.

Ahora, te aviso que Él va a probarlos. "Antes sed benignos unos con otros, misericordiosos, perdonándoos unos a otros, como Dios también os perdonó a vosotros en Cristo". Amén. Entonces ámense con el amor de Dios. No nos volveremos amargados o resentidos, sino que fluirá de Él y de ti a los demás.

Cuando fuimos a África y a la India, Dios nos envió. Él nos había preparado, para que cuando fuéramos, no tuviéramos miedo. Nos preparó en **Su amor** para que cuando fuéramos, supieran que era Dios. Fuimos a aldeas caníbales y a todo tipo de aldeas. Fuimos a una aldea musulmana, y el hombre que nos prestó su jeep era musulmán. Entramos allí... y el ministro que nos acompañaba dijo: "Bueno, no estaremos aquí mucho tiempo, porque son musulmanes". ¿Sabes lo que pasó? Le dije: "Señor, dame las palabras que van a tocar el corazón de esta gente". ¡Y lo hizo! Y le dieron sus vidas a Jesús. Salieron de los campos, y siguieron viniendo. Había un hombre y una mujer allí, y el Señor me dijo que les diera esta Biblia y que les dijera que nutrieran y entrenaran a esta gente por el Espíritu del Señor. Se pararon allí y las lágrimas corrieron por su cara, y dijeron, "Sabemos que es Dios, porque Dios ha puesto en nuestros corazones hacer esto por la gente". Teníamos que irnos; no podíamos quedarnos. No sabemos lo que pasó, pero sabemos que Dios puso el cuidado de ello con alguien que había designado para cuidar de ellos.

Ni una sola vez nos dijeron: "No es Dios" o "No es el amor de Dios". Sabían que era el amor de Dios. Sabían que Dios nos había enviado. Y esto es cierto para nuestras vidas; necesitamos saber lo que hemos oído y visto por Su amor, entonces Pablo dice: "...hacedlo".

V. El más grande de estos es Amor

Agradezco al Señor por lo que está haciendo en cada uno de nuestros corazones, **tenemos que presionar**. Necesitamos permitir que Su amor tome el lugar de todas las otras cosas que tenemos y que no son beneficiosas para nosotros, o para Él. Nuestro amor no funcionará. Sólo el amor de Dios va a funcionar; sólo su alegría va a funcionar, sólo su fe operando en nosotros. La más grande de ellas es Su amor.

Dios quiere llevarnos a esa relación para que podamos

hacer lo correcto cuando tratamos con gente y con niños. Para que no los dañemos, sino que Su amor prevalezca sobre todo lo demás. Te concedo que a veces hay mucho agravio por parte del enemigo, que nos gustaría hacer algo diferente. Pero creo que Dios nos está llevando a un lugar con Él, que nos ayudará a tener comprensión y paciencia con cada situación. **Dios quiere poner su amor en nosotros y eliminar la "mezcla"**, para que pueda hacernos fuertes para salir y ganar gente de cualquier fe o de todas las creencias para Él, porque Él es el que lo va a hacer. Sólo tenemos que dejar que Él lo haga. Pablo dijo aquí: "Vuestra gentileza sea conocida de todos los hombres. El Señor está cerca". Y si él sintió que estaba cerca, ¿cuánto sabemos nosotros que está cerca, y que necesitamos que Dios prepare nuestros corazones para que pueda usarnos para tocar otros corazones y otras vidas?

Oración de cierre

Padre, te damos las gracias por la Palabra. Te agradecemos, Señor Jesús, que hayas abierto el camino para que tu amor perfecto esté en nosotros. Dios, te agradecemos que hayas amado tanto al mundo que nos diste a Jesús. Y, Jesús, que nos amaste tanto, que moriste por nosotros. Ahora, Señor, déjanos amarte tanto que Tu amor sature nuestros corazones, nuestras mentes, todo nuestro ser. Impártenos Tu amor, Jesús. Deja que todas estas otras cosas pasen. Pero deja que Tu amor permanezca en nuestros corazones y en nuestras mentes. Te agradecemos, Señor Jesús, por Tu Palabra, pero te agradecemos por lo que has hecho para que este amor permanezca en nosotros.

Para que podamos llegar a los que no son amados, a los que no se preocupan, a los que no tienen a nadie que los ame o que los cuide. Dios, enséñanos Tus caminos para que podamos caminar en ellos, y para que podamos cumplir Tu Palabra de acuerdo a Tu Palabra y de acuerdo a Tu Espíritu. Jesús, te agradecemos por esta Palabra. Deja que se hunda en nuestros corazones. Déjanos movernos por ella, Jesús. Deseemos más que nada dejar que Tu amor llene cada parte de nuestro ser hasta que otros puedan ver a Jesús en nosotros. Señor, te agradecemos por esta Palabra. Deja que penetre en lo más profundo de nuestro ser, Señor, y que nos haga responder con Tu amor, para que nos amemos los unos a los otros.

Bendice a este pueblo, a todos y cada uno de los que están aquí. Deja que Tu amor penetre en ellos, y deja que estas otras cosas pasen. Pero deja que Tu amor permanezca, Jesús. Deja que Tu paz permanezca. Deja que Tu alegría permanezca, Señor, para que nuestra alegría sea plena. Te damos las gracias por esta palabra. Jesús, te alabamos ahora por la impartición por tu Espíritu de Tu amor, Tu paz, Tu alegría, Tu justicia y Tu santidad, Señor.

Haznos ser tu pueblo que te desea más que nada en este mundo, para que nos uses para llevar el mundo a Jesús. Jesús, te agradecemos por esta preciosa palabra que nos has impartido. Te agradecemos por el crecimiento de Tu Espíritu, Señor, de acuerdo a Tu Palabra. Te damos gloria ahora, Jesús, y te alabamos por todo lo que has hecho y lo que estás haciendo ahora, y te agradecemos por la obra terminada de tu gran amor. En tu nombre, Jesús, te lo pedimos, y para tu gloria. Amén.

REVISIÓN: SUBE MÁS ARRIBA EN SU AMOR

Verdadero o Falso

1. ___ Dios quiere transformar nuestras vidas con su amor de tal manera que no tengamos la interferencia del amor humano y comprendamos que Su amor supera cualquier otra cosa.
2. ___ El amor humano mezclado con el amor de Dios es perfecto.
3. ___ Dios quiere quitar el amor carnal, y poner un amor por los demás que no se vea afectado por las circunstancias.
4. ___ El amor resiste casi todo y todo lo que viene.
5. ___ Estamos viviendo en la hora del Espíritu de la Verdad.
6. ___ El amor de Dios es trabajado en nuestras vidas por medio del procesamiento.

7. ___ Lo que Dios está haciendo en nuestra vida es para siempre.
8. ___ Si nos entrenan para salir a otros países, es muy, muy importante que nos entrenen en las pequeñas cosas.
9. ___ Dios quiere que su amor sustituya al amor humano que es egoísta, egocéntrico, celoso, vanaglorioso, jactancioso y altivo.
10. ___ A veces, los ataques de ira ejemplifican el amor de Dios.
11. ___ Todo lo que se necesita es determinación para dejar que el Señor cambie nuestras vidas.
12. ___ A veces, incluso el amor de Dios quiere algo a cambio.
13. ___ Dios quiere que Su amor se encargue de nuestra vida. Pero depende de nosotros.
14. ___ El amor de Dios es puro.
15. ___ El amor soporta todo y todo lo que viene; está siempre listo para creer lo mejor de cada persona, sus esperanzas no se desvanecen bajo ninguna circunstancia y lo soporta todo sin debilitarse.
16. ___ La paciencia es algo que se aprende al resistir.
17. ___ Dios nos llama a interceder, a orar, a amarnos unos a otros, a sostener su palabra, a mostrar su amor incluso cuando una situación es desagradable.
18. ___ Necesitamos permitir que Su amor tome el lugar de todas las otras cosas que tenemos y que no son beneficiosas para nosotros o para Él.
19. ___ Dios quiere poner su amor en nosotros y

eliminar la "mezcla", para poder hacernos fuertes para ir y ganar a la gente de cualquier fe o de todas las creencias para Él.
20. ___ Dios nos está llevando a un lugar con Él que nos ayudará a tener comprensión y paciencia con cada situación.
21. ___ ""Lo que aprendisteis y recibisteis y oísteis y visteis en mí, haced, y el Dios de la paz estará con vosotros".
22. ___ No tienes derecho a recibir la impartición de la Palabra de Dios.
23. ___ Dios lo hará todo; no necesitamos presionar.
24. ___ Dios es fiel a nosotros, pero no necesitamos ser fieles a Él.
25. ___ Dios nos preparará, para que cuando nos envíe, no tengamos miedo.

CAPÍTULO 13

¿DÓNDE ENCONTRAR UNA PALABRA?

Serie de Cimientos Espirituales: ¿Dónde encontramos una Palabra?

¿Fuiste llamado?

Todos los que amamos y servimos a Dios estamos llamados a un propósito. Se nos dieron talentos y habilidades especiales que necesitamos para cumplir su plan para nuestras vidas. Cada uno de nosotros es único. Algunos aman los detalles y otros aman la gran historia. Unos pocos están dotados atléticamente y otros sobresalen en la música. Hay quienes aman la lectura y quienes prefieren dar un paseo por la naturaleza. **Todos hemos sido creados con un propósito especial en mente.**

Salmos 139:13-18

13 Porque tú formaste mis entrañas; Tú me hiciste en el vientre de mi madre. 14 Te alabaré; porque formidables, maravillosas son tus obras; Estoy maravillado, Y mi alma lo

sabe muy bien. 15 No fue encubierto de ti mi cuerpo, Bien que en oculto fui formado, Y entretejido en lo más profundo de la tierra. 16 Mi embrión vieron tus ojos, Y en tu libro estaban escritas todas aquellas cosas Que fueron luego formadas, Sin faltar una de ellas. 17 !!Cuán preciosos me son, oh Dios, tus pensamientos! !!Cuán grande es la suma de ellos! 18 Si los enumero, se multiplican más que la arena; Despierto, y aún estoy contigo.!

El Profeta, Jeremías, fue llamado desde el vientre de su madre (Jeremías 1:5)

Pablo dijo que Dios, "me apartó desde el vientre de mi madre" (Gálatas 1:15)

Otros, como Isaías, tuvieron un tiempo específico en el que Dios los llamó. Por ejemplo, Abraham, Gedeón, Ezequiel y otros. Podríamos tener la sensación de que Dios nos llama desde que somos jóvenes, o podría ser una total sorpresa.

Romanos 10:15 ¿Y cómo predicarán **si no fueren enviados**? Como está escrito: !!Cuán hermosos son los pies de los que anuncian la paz, de los que anuncian buenas nuevas!!

No pienses que tu llamado tiene que ver con tus calificaciones, habilidades, logros o incluso tu caminar con Dios. Eres llamado por Él y formado para Su propósito.

Encontrar Su propósito para ti es la diferencia entre luchar en tu propia fuerza y fluir por Su Espíritu. Encontrarás la mayor fecundidad y satisfacción cuando "permanezcas en la vid" y saques la fuente de tu fuerza y guía de Él. Cuando te quedas en lo que Él te ha llamado a hacer y te mueves en Su unción, te encontrarás fluyendo por Su Espíritu.

Revisemos - ¿Fuiste llamado?

¿Dónde encuentro una Palabra?

La palabra de Dios es **algo que viene de Él** y no de nuestra propia mente. Nuestras mentes se alimentan constantemente de lo que hemos oído y lo que estamos pensando. Es de lo que Él está hablando sobre una situación lo que es realmente importante. A menudo, nos afectan las circunstancias y nuestras reacciones a ellas. Podemos ser fácilmente influenciados por la gente y lo que dicen y piensan. Pero, si permitimos que Dios nos entrene, podemos aprender a oír su voz y sentir su corazón. Si nos mantenemos cerca de Él y desarrollamos una relación con Él, podemos empezar a escuchar clara y consistentemente.

Aquí hay algunas cosas que podemos hacer para cooperar con el Espíritu Santo que nos prepara para ser fielmente Su "Portavoz".

- Manténgase fresco. Edificándote en tu santísima fe. Judas 1:20-25
- Ten **tu propio** tiempo de tranquilidad.
- Ora, intercede, adora, estudia, medita, escribe un diario y convive con Dios.

Orar es hablar con tu Padre y escuchar Sus respuestas. Es presentar tus peticiones, necesidades y desafíos y también compartir tus alegrías y agradecimientos. Por nada estéis afanosos, sino sean conocidas vuestras peticiones delante de Dios en toda oración y ruego, con acción de gracias. Filipenses 4:6

Interceder es estar en la brecha entre Dios y Su pueblo. Es orar por el Espíritu Santo de acuerdo con la voluntad de Dios para su pueblo. Cuando rezamos por el Espíritu Santo, a menudo sentimos su corazón y lloramos por lo que le hace llorar.

Romanos 8:26 Y de igual manera el Espíritu nos ayuda en nuestra debilidad; pues qué hemos de pedir como conviene, no lo sabemos, pero el Espíritu mismo intercede por nosotros con gemidos indecibles.

Adorar es permitir que todo tu ser exprese lo grande, asombroso, amable, precioso, justo y amoroso que Él es. Él se encuentra con nosotros en la adoración. La adoración ayuda a recordarnos cuán amoroso y grande es nuestro Dios y a poner nuestras necesidades en perspectiva.

Estudiar es mirar profundamente en la palabra de Dios, comparando las escrituras con las escrituras.

Meditar es enfocarse en alguna verdad o atributo de Dios y considerar en oración esa área de la verdad.

Escribir un diario es escribir tus peticiones de oración, cualquier cosa que Dios te hable, versículos que se vuelven significativos y pensamientos que vienen a ti mientras meditas.

La comunión con Dios es practicar Su presencia en tu vida, sin importar lo que estés haciendo y lo que esté sucediendo a tu alrededor, puedes seguir siendo consciente de Él. Compartir cada necesidad, cada alegría y cada preocupación. Escuchar su voz y ser sensible al impulso de su Espíritu.

Repasemos - *¿Dónde encuentro una Palabra?*

Cómo estudiar la Palabra de Dios

A medida que pases tiempo en la palabra de Dios para ti mismo, serás llenado y cambiado y tendrás más dentro de ti para dar a los demás.

Estudia por temas. Por ejemplo: Los Fundamentos de la Salvación o el Bautismo en Agua, etc.

Cronológicamente. La historia y el orden de los eventos.

Estudia versículo por versículo a través de la Biblia.

Estudia a la gente. El estudio de personajes o lugares de la Biblia también puede ser muy interesante.

Estudia la Palabra. Los significados y definiciones pueden ayudarnos a entender mejor la verdad si permitimos al Espíritu Santo ministrarnos y guiarnos en una mejor comprensión

Revelación. A menudo, Dios abrirá nuestros corazones para recibir y entender algo que antes no veíamos, pero que ahora sí vemos. Cuando esto sucede, es un gran momento para encontrar esta verdad en las escrituras.

Inspiración: Aquí es donde la Palabra de Dios te anima, te eleva y te ayudará a superar los tiempos difíciles y te ayudará a trabajar con gente desafiante con Su gracia.

Promesas. Hay miles de promesas en la Biblia y todas ellas son para que las cumplamos. La mayoría de las promesas tienen un "si". Cuando buscamos el "si" y lo cumplimos, Dios hará su parte.

Fortalece tu Fe y encuentra el estímulo. Una sola frase en un versículo puede ser suficiente para elevar tu corazón por encima de las dificultades.

Guía. Los principios están en todas partes en la Biblia.

Cuando los apliquemos, prosperaremos y tendremos éxito en lo que hacemos.

Problemas y eventos actuales. Estudia lo que la palabra de Dios dice sobre los problemas sociales. Los tiempos cambian y la gente cambia, pero la palabra de Dios permanecerá para siempre. Siempre hay una respuesta a las situaciones que enfrenta la gente que se puede encontrar en Su palabra. Cuando dirigimos a la gente a lo que Dios, dice estaremos parados en Su Roca.

Repasemos - *Cómo estudiar la Palabra de Dios*

Tres tipos de gente.

Todo siervo de Dios necesita tres tipos de personas en su vida.

Todos necesitamos personas. Ningún ministro es suficiente o una isla. Los ministros también necesitan ser ministrados. Todos necesitamos estímulo, liberación y responsabilidad. Sí, ministrar a los demás por el flujo del Espíritu de Dios también nos refresca; pero, para mantenernos equilibrados, necesitamos otras personas; personas difíciles, personas felices, amigables y desafiantes.

Tres tipos de personas. Debemos tener **discípulos**; necesitamos ser **discipulados** y necesitamos **compañerismo**.

Es muy importante que conozcamos a Dios y que entendamos Su palabra. Pero también debemos relacionarnos bien con la gente. Muchos ministros se desequilibran en su vida si no tienen relaciones sanas con sus familias, amigos, colegas y ovejas. **Probablemente hay más divisiones en los cuerpos de la iglesia causadas por**

diferencias personales que por cuestiones doctrinales esenciales. Sobresalgamos en el amor a la gente. Veamos los tres tipos diferentes de relaciones que nos ayudarán a mantenernos equilibrados.

La gente a la que estamos ministrando. Los jóvenes no pueden crecer solos. Necesitan a alguien que los tome, los guíe y los discipule. Esto no significa sólo en el estudio de la Biblia, sino en toda la vida. Las personas crecerán mejor cuando tengan una madre o un padre espiritual. **Los jóvenes discípulos desafiarán nuestra fe y examinarán nuestro caminar.** Son buenos para nuestra "salud". Nos mantendrán jóvenes y flexibles.

Personas que son nuestros iguales, nuestros amigos, con los que podemos ser nosotros mismos y que pueden reflejarnos cómo nos ven. Cuando estamos "siendo nosotros mismos", ¿seguimos siendo piadosos? **Nuestros amigos verán un lado diferente de nosotros que el de nuestras ovejas.** No es saludable para nadie estar en el papel de pastor o líder todo el tiempo. Tener relaciones saludables con amigos nos ayudará a mantenernos espiritualmente naturales y naturalmente espirituales.

Gente que nos aconseje y nos haga responsables. Aquellos que pueden llamarnos y corregirnos cuando nos desviamos del camino. Aquellos que nos ministran y nos alimentan. Profetas, Maestros, Intercesores y Apóstoles.

Nuestra cultura puede no entender el principio de discipulado y aprendizaje que era común en la época en que Jesús estaba en la tierra. Cuando Jesús llamó a sus discípulos **sintieron que era un gran honor** ser elegidos por un "Maestro o Rabino" para ser entrenados para convertirse en "su maestro". Incluso los miembros de la familia se alegrarían de que uno de ellos fuera elegido.

Muchas cosas que aprendemos en la vida son "capturadas más que enseñadas". Es mientras pasamos por los desafíos junto con otra persona que aprendemos mejor. El **entrenamiento práctico nos ayudará más que la enseñanza en el aula**. Tenemos muchos maestros, pero no muchos "Padres". Pablo dijo, "Yo te he engendrado por medio del evangelio".

1 Corintios 4:15 Porque aunque tengáis diez mil ayos en Cristo, no tendréis muchos padres; pues en Cristo Jesús yo os engendré por medio del evangelio.

Seremos muy bendecidos cuando encontremos Padres o Madres espirituales que "vigilen nuestras almas" y hablen en nuestras vidas. **Busquen intencionalmente este tipo de relación** en su ministerio.

Repasemos - *Tres tipos de personas.*

REVISIÓN: ¿DÓNDE ENCONTRAMOS UNA PALABRA?

¿Fuiste llamado?

1. Nombra 10 habilidades especiales con las que Dios te ha bendecido.
2. ¿Te han dado palabras proféticas sobre tu llamado? Escribe un resumen de lo que has recibido.
3. ¿Qué área o actividad divina es la más interesante para ti? ¿Qué tipo de personas piadosas sigues y admiras? ¿Como qué personaje de la Biblia te gustaría más ser?

¿Dónde encuentro una Palabra?

1. Enumera las actividades que realizas de manera consistente en tu tiempo libre.
2. Escoge una nueva actividad de la lección para añadirla a tu tiempo con Dios. Escribe un plan para empezar a añadir esta nueva idea a tus momentos de tranquilidad.

3. ¿Te sientes cada vez más cerca de Dios? ¿Qué pasos piensas dar para acercarte a Él?

4. Escoge una escritura que haya sido significativa para ti recientemente y escribe lo que este versículo ha significado para ti.

Cómo estudiar la Palabra de Dios

1. Lee el Salmo 119. Enumera las diferentes formas en que David interactúa con la Palabra de Dios.
2. Elije un nuevo método que no hayas usado antes y explica cómo piensas incluirlo en tus estudios bíblicos.

Tres tipos de gente

1. Mira tu propia vida, haz una lista de las personas que tienes en cada una de las tres áreas de relación. Si tienes un área vacía, haz un plan y escríbelo.
2. Explica lo que significa cuando Pablo dice: " yo os engendré por medio del evangelio "
3. Explica lo que significa discipular a alguien.

QUIZ: ¿DÓNDE ENCONTRAR UNA PALABRA?

1. Cuando te mantienes en lo que Él te ha llamado a hacer y te mueves en Su unción te encontrarás fluyendo por Su Espíritu.
a. V
b. F

2. Dios nos llama por nuestras habilidades especiales, nuestras calificaciones y nuestro caminar con Él.
a. V
b. F

3. Podemos empezar a escuchar la voz de Dios clara y consistentemente a medida que
a. Escuchemos música de adoración
b. Desarrollemos una estrecha relación con Él
c. Alimentemos constantemente nuestras mentes con lo que oímos y lo que pensamos
d. Ninguna de los anteriores

4. Al interceder por el Espíritu Santo podemos empezar a llorar por lo que le hace llorar a Él
a. V
b. F

5. Meditar en Dios significa:
a. Sentarnos con las piernas cruzadas sin pensar en nada
b. Vaciarnos de todos nuestros propios pensamientos y sentimientos
c. Centrarnos en alguna verdad o atributo de Dios y considerar en oración esa área de la verdad
d. Todo lo anterior

6. El compañerismo con Dios es:
a. Practicar Su presencia en cada parte de nuestra vida
b. Compartir toda alegría y preocupación con Dios
c. Ser sensibles a Su suave voz a lo largo del día
d. Todo lo anterior

7. Cuando nuestros corazones se abren para entender algo que no veíamos se llama
a. Inspiración
b. Hermandad
c. Intercesión
d. Revelación

8. Cuando la Palabra de Dios nos anima y nos ayuda a tratar con una persona o circunstancia difícil, esto se llama
a. Intercesión
b. Inspiración
c. Hermandad

d. Revelación

9. Todo el mundo necesita tener 3 tipos de personas en sus vidas para mantenerse bien equilibrado
a. Buenas, malas y feas
b. Ovejas, cabras y burros
c. Mentores, discípulos y compañeros

10. Los jóvenes discípulos nos necesitan, pero también nos mantendrán jóvenes y flexibles
a. V
b. F

11. Las personas que son nuestros iguales pueden ayudarnos a mantenernos naturalmente espirituales y espiritualmente naturales
a. V
b. F

12. El entrenamiento práctico no es tan valioso como el estudio en el aula
a. V
b. F

13. Tenemos muchos Padres, pero no muchos maestros
a. V
b. F

14. Puede que tengas que buscar y perseguir intencionadamente un mentor.
a. V

b. F

15. La Palabra que das fluye de la Palabra que vives
a. V
b. F

CAPÍTULO 14

¿TE CONOCEN?

¿Así que quieres ser un Pastor? ¿Te conocen tus ovejas?

Jesús es el Buen Pastor

Como líderes, debemos aprender Sus caminos y aprender a amar a Su pueblo como si el rebaño no fuera Suyo. A medida que ministramos y demostramos el amor de Dios por Su rebaño, ellos comenzarán a conocernos y amarnos. A medida que se desarrolla la confianza, el amor y el respeto, podemos impartir a las ovejas de Dios la sabiduría y las lecciones que Dios nos da desde Su trono.

En Juan 10, Jesús comparte cómo Él es el Buen Pastor y cómo sus ovejas conocen su voz. También comparte cómo **podemos seguir Su ejemplo como buenos pastores**.

Juan 10:4 Y cuando ha sacado fuera todas las propias, va delante de ellas; y las ovejas le siguen, porque conocen su voz.

Cuando un pastor alimenta a sus ovejas y las cuida, lo conocen. Si alguien más las llama, las ovejas lo ignoran o huyen. Pero cuando el pastor llama a las ovejas vienen a él y lo siguen.

Si una oveja tiene hambre, el pastor le da de comer, si tiene sed, le da algo de beber, si está enferma, el pastor la cuida hasta que esté bien.

Jesús es el Buen Pastor; aquí hay algunos ejemplos de cómo nos cuida como ovejas. **El Buen Pastor se preocupa por nuestras necesidades**, tanto físicas como de alimento, vestimenta y espirituales.

Salmo 23:1 Jehová es mi pastor; nada me faltará. 2 En lugares de delicados pastos me hará descansar; Junto a aguas de reposo me pastoreará.

Isaías 58:6 ¿No es más bien el ayuno que yo escogí, desatar las ligaduras de impiedad, soltar las cargas de opresión, y dejar ir libres a los quebrantados, y que rompáis todo yugo? 7 ¿No es que partas tu pan con el hambriento, y a los pobres errantes albergues en casa; que cuando veas al desnudo, lo cubras, y no te escondas de tu hermano?

Hagámonos estas preguntas:

¿Por qué tengo una iglesia?
Para mi realización personal, ego, arrogancia.
Sólo para decir que tengo una iglesia.
Sólo para cumplir con mi llamado.
Sólo para obtener ingresos.
Porque Dios me llamó.
Porque amo a la gente y me encanta trabajar con ella.
¿Tu congregación confía en ti?
¿Saben que tienes lo mejor para ellos en mente?
Muchas veces la gente entra en un rol de pastor o líder y no piensan en las formas prácticas de "alimentar a sus ovejas". ¿Comprenden que es nuestra responsabilidad alimentar y dar agua a las ovejas y llevarlas a un lugar donde puedan reproducirse?

Como Pastores, preparamos a nuestras ovejas.

Para vivir:

- Fundamentos básicos
- Arrepentimiento
- Salvación
- Bautismo en Agua
- Bautismo del Espíritu Santo
- Usar la Palabra apropiadamente
- Crecer espiritualmente
- Desarrollar el Fruto del Espíritu
- Moverse por el Espíritu del Señor
- Administrar los sacramentos (*ceremonias bíblicas*)
- Comunión
- Diezmos y Ofrendas

- Bautismo en Agua
- Lavarse los pies el uno al otro
- Memorizar la Palabra

Para Reproducirse:

- Escuelas dominicales - Enseñanza fundamental
- Grupos de jóvenes
- Enseñar cómo hablar a otros sobre Jesús
- Bodas
- Dedicatorias para bebés
- Entrenar a los líderes
- Reproducir a Dios.... Su reino

Para pérdidas:

- Enfermedades
- Hospitales
- Desastres
- Persecuciones
- Pérdida de un ser querido

Para Liderazgo:

- Ujier
- Diácono
- Administrador
- Ministro

- Pastor
- Maestro
- Evangelista
- Apóstol

Como Pastores, **nutrimos al creyente hasta la madurez**, ayudándole a cumplir su llamado por el Espíritu del Señor. Entrenamos a nuestra congregación a entrar en el descanso del Señor y a vivir en paz. Continuamente ofrecemos oración e intercesión por nuestras ovejas.

Salmo 23:3 Confortará mi alma; Me guiará por sendas de justicia por amor de su nombre.

Filipenses 4:9 Lo que aprendisteis y recibisteis y oísteis y visteis en mí, esto haced; y el Dios de paz estará con vosotros.

Nuestra responsabilidad no es mantener a nuestra congregación dentro de la iglesia, sino **nutrirla y entrenarla para que vaya a todo el mundo.**

El ejemplo de Pablo de un Buen Pastor:

2 Timoteo 2:24 Porque el siervo del Señor no debe ser contencioso, sino amable para con todos, apto para enseñar, sufrido; 25 que con mansedumbre corrija a los que se oponen, por si quizá Dios les conceda que se arrepientan para conocer la verdad, 26 y escapen del lazo del diablo, en que están cautivos a voluntad de él.

Gal. 4:19 Hijitos míos, **por quienes vuelvo a sufrir** dolores de parto, hasta que Cristo sea formado en vosotros,
Leamos Mateo 25:34-40
34 "Entonces el Rey dirá a los de su derecha: Venid,

benditos de mi Padre, heredad el reino preparado para vosotros desde la fundación del mundo. 35 Porque tuve hambre, y me disteis de comer; tuve sed, y me disteis de beber; fui forastero, y me recogisteis; 36 estuve desnudo, y me cubristeis; enfermo, y me visitasteis; en la cárcel, y vinisteis a mí.'

37 "Entonces los justos le responderán diciendo: Señor, ¿cuándo te vimos hambriento, y te sustentamos, o sediento, y te dimos de beber? 38 ¿Y cuándo te vimos forastero, y te recogimos, o desnudo, y te cubrimos? 39 ¿O cuándo te vimos enfermo, o en la cárcel, y vinimos a ti? 40 Y respondiendo el Rey, les dirá: De cierto os digo que en cuanto lo hicisteis a uno de estos mis hermanos más pequeños, a mí lo hicisteis'.

Visitamos a nuestra congregación cuando están en el hospital, pasamos tiempo con ellos durante los acontecimientos felices y tristes de la vida. Comemos, rezamos, servimos y les enseñamos **demostrando que nos importa.**

Verdaderamente, Él es el Buen Pastor y somos responsables de cuidar de sus ovejas y debemos recordar siempre: **sólo las ovejas pueden dar a luz a las ovejas.**

REVISIÓN: ¿TE CONOCEN?

1. Como Pastor, es importante aprender los caminos de Dios y aprender a amar a su pueblo.
   a. Verdadero
   b. Falso

2. El Buen Pastor se preocupa por nuestras necesidades, tanto físicas como de alimento, vestimenta y espirituales.
   a. Verdadero
   b. Falso

3. ¿Por qué un pastor debe tener una iglesia? (Elije todas las que sean correctas)
   a. Para su realización personal, ego y arrogancia.
   b. Porque Dios lo llamó.
   c. Sólo para decir que tiene una iglesia.
   d. Porque ama a la gente
   e. Sólo para cumplir con su llamado.
   f. Sólo por ingresos.
   g. Porque le encanta trabajar con la gente.

4. ¿ _____ en ti tu congregación? ¿Saben que tienes lo _____ para _____ en mente?

5. No es la preocupación del pastor ayudar a aquellos en su iglesia a cumplir su llamado por el Espíritu del Señor.
a. Verdadero
b. Falso

6. Continuamente ofrecemos oraciones e intercesión por nuestras ovejas.
a. Verdadero
b. Falso

7. ¿Cuáles son 5 maneras de mostrarle a tu congregación que te importa?
a. Jugar al golf cuando están en el hospital
b. Asistir a las bodas de sus hijos
c. Tener eventos en la iglesia que disfruten
d. Visitar a sus familiares en la cárcel.
e. No invitarlos a tu casa
f. Orar por sus necesidades en el servicio dominical
g. Servirles en la barbacoa de la iglesia

8. Es bueno entrenar a tu congregación de las siguientes maneras (elije una)
a. Escuelas dominicales - Enseñanza fundamental
b. Grupos de jóvenes
c. Enseñar cómo hablar a los demás sobre Jesús
d. Formación de líderes
e. Reproducir a Dios.... Su reino
f. Todo lo anterior

9. Un pastor o líder sólo debe pensar en formas espirituales de ministrar a su iglesia.
a. Verdadero
b. Falso

10. Sólo las ovejas dan a luz a las ovejas, lo que significa que la iglesia crecerá cuando estén espiritualmente sanas.
a. Verdadero
b. Falso

SOLUCIONES

1. Permitir la Perfecta Paz de Dios

1. justa, verdades
2. completa paz, pensamiento, confiado
3. fortaleza
4. juicios, justicia
5. paz
6. transformaos, renovación
7. luz, comunión, limpia

Verdadero o Falso
1. V
2. V
3. V
4. V
5. F
6. V
7. V
8. V

9. V
10. V
11. V
12. V
13. V
14. V

Relacionar
1. a
2. b
3. c
4. e
5. f
6. d
7. g
8. h
9. i

2. Actitud o Altitud

1. b
2. V
3. c
4. F
5. e
6. d
7. a, c, d, f, h
8. enseñe seduzca mis, siervos, fornicar
9. V

3. Jehová, Tu nos darás paz

1. b
2. c
3. a
4. c
5. b
6. a
7. b
8. c
9. a
10. b

4. La Guerra Espiritual

1. a
2. b
3. a
4. b
5. b
6. a
7. d
8. b
9. a
10. d
11. a
12. a
13. d
14. b

15. b

5. La Revolución del Conflicto

1. b
2. a
3. a
4. a
5. b
6. b, c, d
7. c
8. b
9. a
10. b
11. b
12. b, c, d, g
13. b
14. b, c, f, g
15. c
16. c

6. Sin Reputación

Verdadero o Falso
1. F
2. V
3. F
4. F
5. F

6. V
7. V
8. V
9. F
10. V
11. V
12. F
13. V
14. V
15. V
16. V
17. V
18. V
19. V
20. V

7. Pastores y Ovejas

1. a, b, c, e, g, k
2. b
3. a
4. c
5. a
6. a, d, e, h, i, j, l
7. c

8. La Fe que obra por el Amor

1. libertad

2. rectos
3. Amor
4. ley
5. carne
6. determinación
7. Cristo Jesús
8. bautizados en agua
9. criatura
10. caminas
11. espiritual
12. cambiar
13. entrenando

Verdadero o Falso
14. F
15. V
16. F

Elección Múltiple
17. c
18. b
19. c
20. a

9. La Plomada

1. plomo, plomada
2. Señor, compromiso, entrega total
3. alegría, salvación, amor, confianza
4. elecciones, vivir

5. a
6. permites, dispuesto, libertad, rectitud
7. salida, bondad, necesitarse, evangelios, hizo, requiere

10. La Declaración de Visión

1. a
2. b
3. a
4. d
5. b
6. b
7. a
8. a
9. d
10. a

11. Alabanza y Adoración

1. Verdadero
2. Falso
3. Verdadero
4. guardemos, presencia, curación, restauración
5. corazón, puro, vergüenza
6. a
7. Verdadero
8. Falso
9. elegimos, fortalece
10. b

11. d
12. c
13. alabar, esperar, ayude
14. b

12. Sube más arriba en Su Amor

Verdadero o Falso

1. V
2. F
3. V
4. F
5. V
6. V
7. V
8. V
9. V
10. F
11. V
12. F
13. V
14. V
15. V
16. V
17. V
18. V
19. V
20. V
21. V
22. F

23. F
24. F
25. V

13. ¿Dónde encontrar una Palabra?

1. a
2. b
3. b
4. a
5. c
6. d
7. d
8. b
9. c
10. a
11. a
12. b
13. b
14. a
15. a

14. ¿Te conocen?

1. a
2. a
3. b, d, g
4. confía, mejor, ellos
5. b

6. a
7. b, c, d, f, g
8. f
9. b
10. a

AGRADECIMIENTOS

Hay muchos que forman parte de este manual; muchos autores y editores, transcriptores y artistas. Ha llevado más de 40 años escribir este manual.

Gracias a todos:
 "6 Yo sembré, Apolos regó, pero Dios ha dado el crecimiento. 7 Así que no cuenta ni el que siembra ni el que riega, sino solo Dios, quien es el que hace crecer. 8 El que siembra y el que riega están al mismo nivel, aunque cada uno será recompensado según su propio trabajo."
 1 Corintios 3:6-8 (NVI)

facebook.com/AllNationsIs58
twitter.com/AllNationsIs58
instagram.com/AllNationsIs58
amazon.com/author/all-nations

www.ingramcontent.com/pod-product-compliance
Lightning Source LLC
Chambersburg PA
CBHW072001110526
44592CB00012B/1169